U0067604

普天之下・盡是好書
普天 出版家族
Popular Press Family

凌雲 文創
A-Plus
Creative Company

做人要厚道
做事要厚黑

Wisdom of life
Thick black theory

全————————集

國際金融投資家吉姆‧羅傑斯曾說：
**做人厚道的人，雖然最受歡迎，但也最容易被欺騙。
做事厚黑的人，雖然最受厭惡，但卻最不容易吃虧。**

確實，想在這個爾處我詐的現實社會中立足生存，
千萬不要讓自己的善良厚道變成別人的可以趁機利用的弱項，
必須具備「像君子一樣做人，像小人一樣做事」的心機，
否則將成為所有詐騙者眼中覬覦的肥羊。

想要成功，做人必須學習君子的謙恭溫和，
做事則必須學習小人的靈活圓滑，千萬別讓你的善良逾為你的弱項。

王渡 編著

**像君子一樣做人，
像小人一樣做事**

像君子一樣做人，
像小人一樣做事

003

・出版序・
你一定要讀懂的人性厚黑法則

「奸詐」和「卑鄙」儘管是負面的字眼，但是只要用對地方，就會變成「機智」和「練達」，形成保護自己的積極力量。

國際金融投資家吉姆・羅傑斯曾說：「做人厚道的人，雖然最受歡迎，但也最容易被欺騙。做事厚黑的人，雖然最受厭惡，但卻最不容易吃虧。」

確實，想在這個爾虞我詐的現實社會中立足生存，千萬不要讓自己的善良厚道淪為別人的可以趁機利用的弱項，必須具備「像君子一樣做人，像小人一樣做事」的心機，否則將成為所有詐騙者眼中覬覦的肥羊。

想要成功，做人必須學習君子的謙恭溫和，做事則必須學習小人的靈活圓滑，

千萬別讓你的善良淪為你的致命傷。

許多人在人生旅程中被騙被害，並不是他們能力不足，或是運氣不濟，而是他們的想法太過於善良、迂腐，讓教條、規則束縛自己，不知變通、一味相信別人的結果，自然是一再被坑騙，一再遭遇失敗。

想要活得自在，或是達成某些目的，有時候必須懂得運用一些「卑鄙」的手段；只要不犯法，有點「卑鄙」又有什麼關係？

做人厚道，做事厚黑

幽默作家理奧‧羅斯汀曾經寫過一則耐人尋味的故事。

小時候，有一天他的父親閒來無事，做了一個謎題讓他猜：「有一種東西吊在牆上，顏色是綠色，濕濕的，會吹口哨，你猜是什麼！」

理奧‧羅斯汀猜了很久都猜不出來，最後只好投降認輸，請他的父親快點說出謎題的答案。

他的父親笑著說：「答案是鯡魚！」

理奧・羅斯汀聽了這個離譜的答案差點暈倒，直認為父親窮極無聊尋他開心，生氣地說：「鯡魚不會吊在牆上！」

父親笑著說：「你不會把牠吊上去嗎？」

「好吧！可是，鯡魚不是綠色的！」

「沒錯，不過，你可以把牠漆成綠色的！」

「鯡魚吊在牆上，怎麼會濕濕的？」

「剛剛塗上油漆，當然濕濕的。」

聽了這些幾近強詞奪理的回答，理奧・羅斯汀差點瘋了，更生氣地質問說：

「鯡魚才不會吹口哨！」

他的父親笑得不可開交，回答說：「鯡魚當然不會吹口哨，這一句是因為要避免被你亂猜猜到，才故意加上去的！」

你必須具備的應對智慧

看完這個故事，或許你莞爾一笑之餘，會單純地把它當作是一個父親的惡作劇，但是仔細想想，我們身處的這個現實而又複雜，到處都是謊言、詐騙與針孔攝影機的社會，不就充斥著這類光怪陸離的謎題，和令人目眩神迷、坑人害人的陷阱嗎？

人性本來就很詐！許多人為了避免自己卑劣的私慾被人洞穿，總是裝出一副道貌岸然的偽善臉孔，想出許多冠冕堂皇的藉口，將自己的齷齪卑劣行為神聖化、合理化，或者用聲東擊西、迂迴側擊的手法掩飾見不得人的目的。

人只要活著，就會被環境影響，被慾望操縱，外界的環境一改變，價值觀念和適應能力也會隨著改變。在變動不羈的人生旅程中，我們無法預知什麼時候會被出賣，什麼時候會掉入陷阱，唯一能做的只是讓自己精明一點、「奸詐」一點，避開各式各樣準備坑殺我們的陷阱和危險，儘快尋找到成功的契機，讓自己成為

別人不敢侵犯的強者。

任何事情都有正反兩面的效應，既可以幫助你，也可以傷害你。這就像一把刀，如果你抓的是刀刃，最好的事情也會傷害你；如果你抓的是刀柄，那麼最有害的事情也會保護你。

所謂的「奸詐」和「卑鄙」也是如此，儘管是負面的字眼，但是只要用對地方，就會變成「機智」和「練達」，就能形成保護自己的積極力量，輕鬆戰勝身邊那些惹人厭煩的小人。

關鍵就在於，你願不願意放棄世俗的迂腐想法，把自己訓練得像兔子一樣敏捷，像狐狸一樣狡猾，像老虎一樣沉穩而又凶悍……

人生是得意與失意的循環，但不論得意或失意，人都要保留一點心機，「害人之心不可有，防人之心不可無」。不懂「做人厚道，做事厚黑」的道理，往往會付出慘痛代價。

●本書是《做人厚道，做事厚黑全集》全新修訂版，謹此說明

【出版序】你一定要讀懂的人性厚黑法則

PART ①

軟硬兼施才能達成目的

一個人若想達到目的，就必須用軟硬兼施的手法，千萬不可半途而廢，也不要覺得不好意思，凡事只要放下身段，毫不客氣地貫徹始終，最後通常都能成功。

目次⋯⋯⋯⋯

PART ④ 用另類的方式改變對方的態度

溝通，並不是一味強迫對方接受自己的想法，也不是一味屈躬卑膝試圖改變對方以為是的態度，而是以恰當的方式找出彼此的折衷點。

PART
⑤

提防別人對你進行「道德謀殺」

拿破崙曾說：「暗殺一個人有許多種不同方式，用手槍、刀劍、毒藥，或是道德上的暗殺。這些方式的結果是相同的，只是最後一種更為殘酷。」

PART 6

即使虛情假意，也要做得徹底

凡事只要看開了，做事的態度自然會變得從容而冷靜，膽量會變大，臉皮會變厚，搞不好虛情假意的事情也做得出來。

PART
7
口是心非，有什麼不對？

人生本來就充滿了矛盾與不可預知，況且每個人都有自私的劣根性，也會面臨一些自己無能為力的境遇，表裡不一自然在所難免！

PART 8

面對挑釁，何必太認真？

若是你不希望讓周遭的小人煩擾生活，不希望被無謂的事情擾亂心情，就讓看事情的視野多一些角度吧。

PART 9

你也可以光明正大説謊話

「弄假成真」的手段並不高明，也不夠高尚，但是，這在爾虞我詐的社會中，在政治的競技場上，能夠正大光明的又有幾個？

PART **11**

面對誠實的人，就用誠實的方法

人與人之間的相處，可以是君子之爭，不必奉承阿諛，更不必費心猜疑，才不會有相互拉扯的兩敗俱傷。

軟硬兼施
才能達成目的

一個人若想達到目的，就必須用軟硬兼施的手法，
千萬不可半途而廢，也不要覺得不好意思，
凡事只要放下身段，毫不客氣地貫徹始終，
最後通常都能成功。

不情願做的事，就設法敷衍了事

不小心答應了自己極不情願去做的事，與其懊惱後悔，不如用「概念轉換」的方式敷衍了事。

古羅馬政治家馬基維利在《君王論》中說：「最能顯示出一個人智慧的是，能在各種危險之間做出權衡，並選擇最小的危險。」

只有安善運用機智應付週遭危機的人，才能持盈保泰，守住成功的果實。你可以不齒秦檜的為人，但是，一定要學會他的機智和深謀遠慮。

做人厚道，做事厚黑

南宋高宗的時候，奸相秦檜把持朝政，凡是從各地進貢到京城的奇珍異寶和稀罕物品，都要先送到秦府讓秦檜挑揀一番，然後才將剩下的送入皇宮。這件事，宋高宗一直被蒙在鼓裡，朝中知情的大臣不是秦檜的同黨，就是畏懼秦檜的權勢，誰也不敢直言。

有一天，秦檜的老婆王氏到宮中拜見了宋高宗的母親顯仁太后。顯仁太后對王氏抱怨說：「這些日子很少吃到新鮮的青魚，真想吃點青魚。」

王氏心想，這正是拍太后馬屁的大好機會，連忙說：「太后您想吃青魚，那還不簡單，我家裡有的是青魚，明天就差人給您送一百條來。」

顯仁太后聽了大吃一驚，心想皇宮裡沒有的東西，秦檜家裡怎可能有，連忙問道：「妳家裡真的有一百條青魚？」

王氏驕傲地回答說：「當然有，明天一定給您送一百條來。」

回到秦府之後，王氏得意洋洋地把這件事告訴秦檜。

秦檜聽了非但沒有露出高興的表情，反而生氣地責怪王氏只知拍馬屁，說話一點都不經大腦。

他對王氏說：「妳想想看，皇宮裡沒有的東西，我們家裡竟然有，這件事要是讓皇上知道了，一怪罪下來，不被殺頭才怪！」

王氏一聽不勝惶恐，緊張兮兮地問秦檜該如何是好。秦檜不愧是欺上瞞下的狡詐之徒，想了一會兒，便交代王氏說：「妳已經答應要進獻一百條青魚，如果食言的話，會惹太后生氣，但是如果獻上新鮮的青魚又會惹出禍端，不如就送她一百條爛魚吧！」

次日，王氏依照秦檜的交代，派人送了一百條快不能吃的青魚到宮裡。顯仁太后見到後，拍手笑著說：「哼，我以為是什麼好魚呢？王氏這婆娘真是沒見過世面的土包子，連這種爛魚也敢拿來獻寶！」

你必須具備的應對智慧

就像秦檜所說的，王氏已經答應要送顯仁太后一百條魚，如果食言就會惹太后生氣，一旦獻上好魚又會招來殺身之禍。秦檜最後向顯仁太后進獻了一百條爛

魚，實際上是用「概念轉換」的辦法來保護自己。

秦檜雖然是一代奸相，因爲誣陷岳飛而留下萬世罵名，但是，他能在南宋初年權傾天下，一手遮天，並非僅僅靠著迎逢拍馬的諂媚功夫，更重要的是，他能看清自己潛在的危機。

世事多變化，沒人敢預料下一分鐘會發生什麼事，假如你平步青雲、春風得意的時候不懂得謹言愼行，不知道居安思危，那麼，你眼前的成功可能只是一場午夜春夢，轉瞬間就變成夢幻泡影。

假使你心直口快，或者經不起別人糾纏，不小心答應了自己極不情願去做的事，又不想當一個輕諾寡信的人，與其將時間浪費在懊惱後悔上，不如學學秦檜，用「概念轉換」的方式敷衍了事。

陽奉陰違，也是一種智慧

丁寶楨的做法是典型的陽奉陰違，但是他運用在該用的地方，因此，後人反而稱讚他聰明機智、膽識過人。

有些個性軟弱的人常說：「我天生就是這樣的人，改也改不了。」

這種說法乍聽之下似乎言之有理，但是仔細一想，這卻是將責任推卸給上天和父母的錯誤想法。

殊不知，懦弱的性格是由於後天懦弱的思考模式造成的，就像懶惰是由於後天懶惰的習慣形成的一樣，根本不是天生的。

如果你再也受不了自己的軟弱性格和表現出來的窩囊模樣，那麼，就必須改變自己的慣性思考，增強應變能力。

做人厚道，做事厚黑

清朝同治初年，慈禧、慈安兩宮垂簾聽政，彼此明爭暗鬥。慈禧太后爲了獨攬大權，有一回囑咐心腹宦官安得海出京城去結納封疆外臣，準備裡應外合，搞倒慈安太后。

慈禧太后交代安得海悄悄出去，暗暗回來，千萬不要聲張，以免打草驚蛇。

豈知，安得海這傢伙自恃是慈禧太后的心腹，平日驕縱蠻橫慣了，出京沒幾天就原形畢露，大肆張揚，並且要求地方官吏沿途接駕、送賄，所到之處，鬧得雞犬不寧。

安得海到達山東德州境內後，德州知府聞訊，立即前去接駕，必恭必敬地送上二百兩銀子，誰知安得海竟然嫌太少，限他無論如何必須在三天之內籌足五千兩銀子。

德州知府一時籌不出這麼多銀子，便連夜趕赴濟南，向他的上司山東巡撫丁

寶楨哭訴。丁寶楨為官清廉，而且頗有膽識，便問德州知府有沒有見到聖旨，知府答說沒看到。

丁寶楨當下說：「沒聖旨，這事好辦！」隨即命令德州知府立刻回去將安得海一行人捉來。

德州知府一聽，嚇了一跳：「大人，這不是太歲頭上動土嗎？」

丁寶楨呵呵大笑說：「一切由我承擔。」

德州知府只得遵從命令，前去逮捕安得海一行人。

原來，清朝律例有個嚴厲的規定：「內監不許私離京城四十里，違者由地方官府就地正法。」

丁寶楨抓住了這個把柄，準備斬殺這個不可一世的大宦官。他想，安得海身上雖然沒有聖旨，但一定得了西太后的暗許；安得海是西太后的人，自己何不向東宮請旨發落！

主意打定之後，丁寶楨立刻派親信飛馬入京送奏章。慈安太后隨即降下懿旨，令丁寶楨將安得海就地斬首。豈知，就在行刑之時，慈禧太后也派人緊急送來懿

旨，準備營救安得海。

丁寶楨見狀，大聲吩咐屬下：「前門接旨，後門斬首！」

慈禧太后在懿旨中命令丁寶楨火速將安得海押解回京，不過，正當懿旨宣讀的時候，安得海早已身首分家了。

你必須具備的應對智慧

當事情陷入膠著狀態，你能不能運用聰明才智在泥沼中找到出路，讓不利的局面朝自己希望的方向發展？

在人生的各項競爭中，是否具備這樣的智慧，往往是決定勝負的關鍵。想要成功，平時就必須多多揣摩如何將心機運用在正確的時機。

丁寶楨的做法是典型的陽奉陰違，但是他運用在該用的地方，因此，後人反而稱讚他聰明機智、膽識過人，連慈禧太后的心腹都敢殺。

如果你是故事中丁寶楨，接到慈禧太后的懿旨，敢不敢陽奉陰違地「前門接

旨，後門斬首」呢？

如果你捫心自問以後，認為自己沒這個膽量，說明你的性格必須再加以強化，否則將無法面對人生旅途中的種種艱難。

其實，性格是由於長期思考或是習慣形成，不是一成不變的，換言之，性格就是自己心理意識的反射。

若是你能改變習慣性的思考模式，性格自然就會隨之改變，自然就能在積極思考中建立起肯定的、建設性的習慣，在性格中也會培養出肯定、建設性的力量，這是毋庸置疑的！

軟硬兼施才能達成目的

一個人若想達到目的，就必須用軟硬兼施的手法，千萬不可半途而廢，也不要覺得不好意思，凡事只要放下身段，毫不客氣地貫徹始終，最後通常都能成功。

人想要名揚於世，就必須具備三項最基本的條件：一、不怕難為情，二、落落大方，三、有始有終。

日本商界名人鳥井信治就是其中的典範。

鳥井信治由一個小雜貨店的工友搖身變為大公司的老闆，主要就是因為他具備了上述的三項條件，行事作風和別人完全不同的緣故。

他的公司因為出產知名的「紅玉葡萄酒」賺了不少錢。但是，剛開始創業的時候，鳥井信治並沒有充裕的經費宣傳自己的產品，於是想出一個辦法——每當

他聽到消防車的警笛聲時，就立刻派出一些身穿印有「紅玉葡萄酒」標誌的夥計，手裡拿著印有相同標誌的小燈籠，趕到火災現場。

他們的行動比消防隊更迅速，使得火場四周處處可以見到「紅玉葡萄酒」的小燈籠，鳥井信治藉著這種方式達到宣傳目的，很快的，「紅玉葡萄酒」就打響了名號。

做人做事有時候必須懂得軟硬兼施，如此才可能突破困局，在不可能成功的地方或時機，獲得輝煌的戰績。

如果你還有疑慮，不妨看看司馬相如怎麼死皮賴臉軟硬兼施。

做人厚道，做事厚黑

西漢著名的文學家司馬相如是一位風流才子，與卓文君之間的愛情故事，更是千古流傳。

司馬相如是四川成都人，有一次，朋友帶他到臨邛的財主卓王孫家中作客，

恰巧遇見卓王孫守寡的女兒卓文君，兩個人一見鍾情，當場迸出愛的火花。

事後，卓文君不顧父親反對，漏夜與司馬相如私奔到成都，卓王孫知道後，氣得暴跳如雷。

司馬相如和卓文君兩人到了成都之後，日子過得很窘迫，不得不回到臨邛，硬著頭皮請求卓王孫撥款接濟。

守寡的女兒與人私奔，使得卓王孫顏面無光，氣憤難消，哪裡肯給錢給他們夫婦？司馬相如夫婦經過一番商量，便針對卓王孫愛面子的弱點，想出了一個借錢的「苦肉計」。

他們兩人把身邊的車、馬、琴、劍和首飾變賣，然後故意在距卓府不遠的地方租屋，開了一家小酒舖，擺明了要讓卓王孫在眾人面前丟人現眼，硬逼他拿錢出來接濟。

果然，酒舖才剛開張，就吸引不少人前來親睹這兩個遠近聞名的才子佳人。

只見司馬相如穿著夥計衣服擦桌椅、端酒菜，卓文君也身穿粗布衣裙，忙裡忙外地招呼客人。

很快的，臨邛城裡的人都在議論這件事，不少人對司馬相如夫婦大表同情，譏諷卓王孫吝嗇刻薄。

卓王孫是一個十分講究門面的人，過不了幾天便受不了外面的閒言閒語，只得答應資助女兒和女婿。

卓王孫送給司馬相如和卓文君一百個奴僕、一百萬貫錢。司馬相如和卓文君夫婦得到了這些財物，謝過了卓王孫，隨即關了酒舖回到成都，成了當地知名的富戶。

你必須具備的應對智慧

作家約翰・雷曾經這麼說過：「我的成功座右銘，就是人不可以不要臉，但臉皮一定要夠厚。」

一個人若想達到目的，就必須效法司馬相如和卓文君軟硬兼施的手法，千萬不可半途而廢，也不要覺得不好意思，凡事只要放下身段，毫不客氣地貫徹始終，

最後通常都能成功。

　　或許，你會覺得司馬相如夫婦和鳥井信治的行徑有點卑鄙，但這畢竟是他們面臨困境時處心積慮想出的方法，沒有所謂對與錯。

　　有些人往往把時間花在自己不應做的瑣碎事情上，對於應該積極去做的事反而光說不練，或者馬馬虎虎應付了事，行事總是本末倒置。這樣的人只是在浪費自己的生命。

　　光說不練、馬馬虎虎永遠不會成功，下定決心後就必須付諸實行，既然要做就應當做得徹底，別怕丟人現眼。不論什麼事，只要能夠盡全力去做，自信和力量自然能夠隨之產出。

把危機化為成功的階梯

英國首相邱吉爾說：「當危險來臨時，不要逃避，否則危險只會有增無減；若能毅然面對，危險便可減半。」

《菜根譚》裡有段話說：「都來眼前事，知足者仙境，不知足者凡境。總出世上因，善用者生機，不善用者殺機。」

危機通常也是轉機，能將危機變成轉機就可以成為大人物。

譬如，日本戰國時代名將織田信長遭到今川義元的駿府大軍攻擊時，還只是一個統轄尾張八郡的小諸侯，別人都認為外號「尾張大傻瓜」的他這回絕對死定了。沒想到，在關鍵時刻，他居然化危機為轉機，僅帶了兩千名軍隊發動襲擊，瞬間就擊潰駿府四萬大軍，並且取下了今川義元的首級，一躍而成為人盡皆知的

大英雄。

宋太祖趙匡胤城府深沈，在應付危機方面也頗有一套。

做人厚道，做事厚黑

五代末年藩鎮割據，有兩個將領嫉妒趙匡胤威名日益卓著，想趁著他羽翼未豐，在酒中下毒，將他除掉。但是，這個陰謀卻走漏風聲，有人事先向趙匡胤通風報信。

當這兩個將領佯裝邀請趙匡胤赴宴之時，趙匡胤表現得若無其事，立即與他們同行，沒有露出絲毫破綻。

這兩個將領心中暗暗高興，認為趙匡胤已經中計。不料，三個人行至途中，趙匡胤卻中邪似的，突然從馬背上跳下來，然後仰起頭朝著天空比手劃腳，而且不時點頭稱是，隨後裝出若有所思的樣子。

過了一會，趙匡胤跳上馬背撥轉馬頭，並朝向二人破口大罵道：「沒想到你

們兩個是如此奸詐的小人！」

這兩個將領被趙匡胤的舉動搞得滿頭霧水，便詢問到底是何緣故，趙匡胤生氣地回答說：「哼，幸虧剛才上天告訴我，你們要在酒中下毒毒死我，我才知道你們的為人。」

這兩個將領做賊心虛，內心驚恐不已，立即躍下馬恭敬肅立，連連說：「豈敢，豈敢！」

從此，他們就打消了加害趙匡胤之心。

你必須具備的應對智慧

謹慎分析自己接收到的各項訊息，究竟是正確的，還是唬人的；迅速研判對自己好的人，究竟是虛情假意的小人，還是值得交往的好人；唯有具備這種能力，才能像趙匡胤一樣冷靜面對危機，繼而運用心機，將危機變成轉機。

英國首相邱吉爾說：「當危險來臨時，不要逃避，否則危險只會有增無減；

若能毅然面對，危險便可減半。」

在人生的航程上，處處是暗礁和險灘，時時都有不測的風雲，面對突如其來的危機，首先必須要求自己沈住氣，然後思考應變方法。

消極的脫困方法是不動聲色製造一些煙幕，迷惑對手的思考和判斷能力，然後迅速斷尾逃生。

積極的方法是快速找出對方的弱點，然後以迅雷不及掩耳的姿態，從對方意想不到之處，發動猛烈攻擊。

人生是由許許多多的大小危機連接而成，如果能夠坦然面對，在厄運之中仍然充滿必勝的信念，運用智慧加以扭轉，那麼，這些危機就會變成你不斷向上晉昇的階梯，讓你飛躍到人生的另一個境界。

提防「心靈導師」的騙術

用意志力使自己改頭換面，唯有如此，才能適應現實而複雜的社會生活，堅強地生存下去。

法國作家拉布呂耶爾曾經寫道：「如果一個人在別人眼裡，不顯得過於聰明，他就已經相當狡猾了。」

的確，沒有比貌似正直，實則奸詐的人更為危險了，因為，這些人在你眼裡，雖然看起來忠厚老實，但實際上，暗地裡卻經常幹出一些讓你始料未及的卑鄙奸詐勾當。

人是最擅長弄虛作假的動物，現實生活中，專門坑人騙人的假好人也不在少數。面對花招百出的騙術詐術，你必須放聰明一點，才不會老是做出受騙上當又

讓人恥笑的蠢事。

做人厚道，做事厚黑

古時候，金陵城內來了一個賣藥郎中，自稱擁有通天的法術，能夠祈求神明賜降靈藥，治癒疑難雜症。

他用車子載了一尊觀音大士的神像，裝模作樣替人把脈看病以後，便拿出一包藥粉，順著觀音大士的手掌心洩下，奇妙的是，觀音大士的手心總會殘留一些藥粉，他便小心翼翼地把這些藥物刷下，交給病人服用，每天可以賺進不少銀兩。

有一個游手好閒的少年，在一旁連續看了幾天，覺得這是賺錢的好方法，很想學得這項法術，因此有一天等到人潮散去之後，便客客氣氣地邀請這個賣藥郎中到酒店飲酒。

讓賣藥郎中百思不解的是，這個少年喝完酒後根本不付錢，拍拍屁股就大搖大擺地走出酒店，而且酒店的掌櫃、夥計好像都沒有看見他白吃白喝似的，並未

出面阻攔。

就這樣一連喝了三次酒，賣藥郎中按捺不住心中的納悶，便好奇地詢問這位少年是不是擁有什麼神奇的法術。

少年搔搔頭，說道：「哎呀，這只是一個小把戲罷了，如果你願意和我相互交流，我自然樂意教你。」

賣藥郎中點點頭，看看四周之後，小聲地說：「其實，我並沒有什麼法術，只不過觀音大士的手掌是用磁石做的，我在藥粉中摻一些鐵屑，藥粉從觀音大士的手心往下溜，不就會黏一些在手心嗎？」

少年聽完恍然大悟，稱讚說：「你的手法真是妙！」

賣藥郎中不想浪費時間，急忙接著說：「我已經把我的秘訣告訴你了，你趕快教我你的法術吧。」

少年笑著說：「和你比起來，我更沒有什麼法術可言，我只不過是先把酒錢付給掌櫃的，所以每次我大搖大擺走出酒店，他們當然不會過問。」

賣藥郎中聽了，哭笑不得：「那我豈不是上當了！」

你必須具備的應對智慧

這個故事的重點，並不是要告訴你，所謂「隔空抓藥」之類的江湖法術，其實往往都是針對我們的心理和視覺盲點，設計出的弄虛作假的騙術，一經點破就不值錢。

這個故事要告訴讀者的是，我們生存的醜陋社會裡，有太多宣稱自己會隔空抓藥的江湖郎中，而且往往以所謂「心靈導師」的面貌出現，針對你的心理弱點施行騙術。

面對這些道貌岸然的虛偽之人，臉皮必須放厚一點，不要顧慮他們對自己的看法，做事也不用偷偷摸摸，有時大可像故事中那個游手好閒的少年，開些無傷大雅的玩笑，然後挺起胸膛，過著開朗而悠閒的生活！

海倫凱勒曾在日記中寫道：「性格不可能在平靜中安逸形成，只有經歷過磨難和痛苦，靈魂才能變得堅強，眼光才會變得清晰，雄心才能得到激勵，成功才

能有望企及。」

開朗的性格，必須靠自己的意志和努力才能產生。

有的人生性內向，而且有神經過敏的傾向，往往為了一點小事就整天煩惱個不停，想要克服這些缺點，就要加強自己的心理建設，學會讓自己做一個厚臉皮的人，否則很難在社會上生存下去。

用意志力使自己改頭換面，唯有如此，才能適應現實而複雜的社會生活，堅強地生存下去。

矛盾就是最真實的人生

人生原本就是一種矛盾的存在，不要拘泥於自己曾經許下什麼承諾，也不要一味堅持「誠信原則」而束縛自己的發展。

日本明治維新時期的功勳，開明派重臣勝海舟曾經說過一句曠世名言：「矛盾就是我的人生！」

能成大功立大業的人通常是與眾不同的，他們只講求用什麼方法達到目的，根本不會顧慮自己的言行是否一致。

他們言行之間往往充滿了極端的矛盾，有時昨天所說的話和今天所做的事完全南轅北轍。

日本戰國英雄織田信長在本能寺遭部下明智光秀襲殺之後，他的次子信雄和

三子信孝爲了爭奪繼承權，彼此拉黨結派勾鬥不休。豐臣秀吉私底下想奪取織田

信長遺留的霸業，但又怕打草驚蛇，於是編出一大套歪理，獨排眾議地表示，應

該立長男信忠的遺腹子吉法師爲繼位者。

做人厚道，做事厚黑

豐臣秀吉的主張遭到重臣柴田勝家的強硬抵制，爲了達成自己的既定目標，

他便慷慨激昂地對外宣稱：「我這麼做，完全是爲了織田家的將來著想，一切都

是爲了要報答信長公提拔我的恩德：爲了織田家的未來，即使是叫我切腹自殺，

我也毫無怨尤！」

不久，豐臣秀吉舉兵擊敗了柴田勝家和織田信孝，逼迫他們兩人切腹自殺。

織田信雄見狀，不免兔死狐悲，緊急向德川家康求援，並數落豐臣秀吉打算奪取

織田家族的政權。

豐臣秀吉知道後，擔心德川家康會與織田信雄結盟，於是使出緩兵之計，假惺惺地前去拜見織田信雄，一把鼻涕一把眼淚對他說道：「我的行動全無任何私心，只是貫徹信長公的遺志而已，如果因為這樣而遭到你的懷疑，我感到相當難過！」

然而，不久之後，豐臣秀吉用懷柔政策拉攏德川家康，隨即攻佔織田信雄的領地，並將他放逐到秋田，同時將以前信誓旦旦要立吉法師為繼位者的說法拋諸腦後，篡奪了織田家的霸業。

你必須具備的應對智慧

豐臣秀吉強調為了織田家的未來，即使切腹自殺，自己也毫無怨尤，但是最後切腹自殺的卻是織田信孝和柴田勝家。他口口聲聲說要「貫徹信長公的遺志」，最後卻流放織田信雄，篡奪了織田家的霸業。

豐臣秀吉的故事，並不是教你口是心非或是動輒毀盟棄約，而是提醒你，在

人生的每一個階段，都會有不同的想法和做法，也許你昨天奉爲金科玉律的想法，今早一覺醒來就覺得錯得離譜；以今天之我否定昨天之我，原本就是極爲正常的事，沒有所謂對錯。

人生原本就是一種矛盾的存在，人的價值觀念其實一直在改變，每個人和身處的環境都會隨著時間推移而產生種種變化，所以，對於別人的輕諾寡信、言行不一，不必太過於訝異和氣憤，應該做的是積極強化自己的能力，減少對別人的依賴。

相同的，一個人也不要拘泥於自己曾經許下什麼承諾，也不要一味堅持所謂的「誠信原則」束縛自己的發展。

偶爾出現表裡不一的言行，其實不要太過於自責，因爲人的存在原本就是很矛盾的，應該儘量去做一個堅強而快樂的人才是。

不守信用，又有什麼關係？

英國諷刺作家西蒙・伯特勒曾經說過：「誓言只不過是一番空話，而空話只不過是一陣風。」

古時候，有個食古不化的書呆子名叫尾生，有一天，和朋友相約在某座獨木橋邊見面。尾生依約定的時間準時到達，友人卻遲遲未到，他便在橋邊苦苦等候，等著等著，橋下的河水突然暴漲，尾生心想「君子寧可抱橋而死，焉能失信而歸」，為了信守約定，竟然死命抱住獨木橋，最後終於被洪水衝走。

人如果一味拘泥於小信，不知道「誠信」的真正意義，就會做出類似尾生「抱橋而死」這般不知變通的傻事，只為了不失信於人，遇到河水暴漲，竟然不知走避，還死抱著獨木橋不放，這樣的信用又有什麼價值呢？

我們不妨看看孔子對「誠信」的見解吧！

做人厚道，做事厚黑

孔子率領弟子周遊列國，從陳國來到蒲地的時候，適值公叔氏發動叛變，孔子一行人的行動立即遭到控制。

孔子為了及早脫身，便派口才最好的子貢前去交涉，公叔氏對子貢說：「如果你們不去衛國，我就答應放行。」

孔子聽了，滿口承諾不去衛國，並與公叔氏訂立了誓約，於是，公叔氏便把孔子一行人送出東門。

豈料，孔子一走出東門後，馬上帶著弟子逕自往衛國的方向走去。子貢覺得很訝異，連忙問道：「老師，您剛剛不是才與公叔氏訂立誓約，說好不去衛國，難道誓約可以背叛嗎？」

孔子白了子貢一眼，沒好氣地回答說：「關於訂立誓約這類事情，神是不大

「理會的。」

看完這個故事，你也許會嚇一跳，心裡納悶地想：「不會吧，孔子身為至聖

你必須具備的應對智慧

先師，平常不是教導弟子『人而無信不知其可』嗎？怎麼會做出這種背盟毀約的

事呢？」

如果你有這樣的想法，那就大錯特錯了。其實，孔子對於尾生的做法一直都

嗤之以鼻，在他的思想中，對於「誠信」的觀點，一直都是強調「大信不信」，

亦即人應該講究大信，但是不必太拘泥於小信，只有那些愚夫愚婦才會斤斤計較

小信。

英國諷刺作家西蒙・伯特勒曾經說過：「誓言只不過是一番空話，而空話只

不過是一陣風。」

其實，在現實生活中，我們向別人承諾的事情，總是因為一時的豪情或憐憫，

或者不是基於自由意志，而是在別人百般脅迫、死纏爛打⋯⋯等等情況下，不得已才答應的。

就是因為違背自由意志，我們所能實踐的，往往不到諾言的十分之一，因此，才會出現輕諾寡信的狀況。遇到這種讓自己懊悔不已的承諾，與其做得心不甘、情不願，倒不如學學孔子，想出一番理由自圓其說，為自己的言行不一解套。

要拍馬屁，就要拍到底

英國劇作家威廉‧史迪爾在《旁觀者》一書中說：「人世充滿著虛偽和恭維，以致於人們的言詞，幾乎不能代表他們的想法。」

莎士比亞在《第十二夜》裡，說了一句大家口頭上都不願承認的事實：「人們的耳朵不能存忍忠告，諂媚的話卻容易聽進。」

正因為人有這種弱點，所以要拍別人馬屁就必須拍徹底，要奸詐就要奸詐到底，要卑鄙就卑鄙到底。

如果真的能做到這種「臉厚如牆」的地步，別人再怎麼批評攻擊，也無法對你造成任何影響。

做人厚道，做事厚黑

有一天，閻羅王感慨地對牛頭馬面說：「聽說陽間有許多喜歡拍馬屁的人，整天汲汲營營於名利，專門拍上司和有錢人的馬屁，使得人間是非不分，黑白顛倒。我很想懲治那些馬屁精，現在你們兩個馬上到陽間，去抓一個頂尖的馬屁精回來開刀！」

牛頭馬面領命之後，立刻到陽間捉了一個馬屁大王到閻羅王面前，閻王看了嚇一跳，連忙問道：「喂，你們怎麼把新政府最受歡迎的部長抓來了？是不是抓錯人了？」

「怎麼會呢？我們沒有抓錯人啊！不信的話，等一下你自己審問就知道了。這個人是陽間最有名的馬屁部長，他只懂得拍馬屁，其他事情根本一竅不通，偏偏他就能靠著拍別人馬屁升官發財，而且民調支持率居高不下，真是讓人生氣……」

「好，我現在馬上審問他，如果他真的不學無術，專靠拍馬屁升官發財，我就要讓他嚐嚐上刀山、下油鍋的滋味。」

說完之後，閻王準備開始審問，不料無意中放了一個響屁，馬屁部長見機不可失，不慌不忙地走到閻王面前，恭恭敬敬地行了一個大禮，說道：「我在陽間早就聽說閻王天子氣宇軒昂，今天一見，果然不同凡響，就連放出來的屁，也如同多明哥的演唱一樣悅耳動聽，而且還飄散著淡淡的幽香，有如清晨綻開的蓮花……」

閻王當眾放屁，原本有些尷尬，聽了這番話樂不可支地說：「你真識貨，不愧是新政府最受歡迎的部長，我要好好地和你暢談國是一番！來呀，牛頭，你先把部長帶到貴賓室，晚上我要好好款待他。」

牛頭聽了之後，內心有些不快，小聲地碎碎唸：「哼，不是說要拿他開刀嗎？」

一被拍馬屁就忘了自己是誰，搞什麼名堂嘛！」

牛頭滿臉不高興地把馬屁部長帶到貴賓室，馬屁部長眼見牛頭表情不悅，暗自覺得情勢不妙，於是立即發揮馬屁功力，趨前對牛頭說：「我發現您的長相十

分奇偉，您頭上的兩支角有如新月一般，眼睛就像是天上的明星，發出燦爛的光輝，簡直是一臉富貴相，如果我沒看錯的話，將來閻王天子的寶座，一定會由您繼任！」

「喔！你真的這樣認為嗎？」牛頭聽了馬屁部長的話，開心地咧嘴直笑，隨即扯扯他的衣袖說：「現在離晚餐時間還早，不如先到我家裡去喝茶聊天好了，我家有一泡陳年鐵觀音，頂不錯的喔！」

你必須具備的應對智慧

置身這個時時刻刻充滿變數的社會，很多時候臉皮越厚，越會溜鬚拍馬，就越容易早一步冒出頭。

臉皮厚如城牆的人，拍馬屁的功力往往不同凡響，這種行徑儘管讓人不齒，但不可否認的，卻是想在現實社會中左右逢源不得不具備的機詐。

這個見人說人話、見鬼說鬼話的馬屁部長，聽到閻羅王要罰他上刀山、下油鍋，

非但沒有立刻跪地求饒，反而見縫插針，趁機大拍閻王的馬屁，又懂得察言觀色，講此動聽的話來取悅牛頭，真是非比尋常的厲害人物。

馬屁能拍到這種收發自如的程度，臉皮之厚不由得我們不拍案叫絕，能當上部長一點也不奇怪。

英國劇作家威廉·史迪爾在《旁觀者》一書中說：「人世充滿著虛偽和恭維，以致於人們的言詞，幾乎不能代表他們的想法。」

既然如此，你大可不必理會那些八股而又行不通的道德箴言，也不用老是顧慮別人的想法，強迫自己去做不願意做的事情。

記住，別人無法評斷你的價值；任何事情，只要能堅定意志徹底去做，就能產生意想不到的影響，扭轉對你不利的局面！

2.

如何擺脫小人的糾纏？

日常生活中，每個人或多或少都有
不能避免的人情壓力和煩人瑣事，
為了擺脫糾纏，不動動腦袋想計謀是不行的。

真誠待人，才能贏得人心

只要能用心處事、真誠待人，就一定能贏得人心，成功地贏得對方的尊敬和信任。

通常我們都認為自己很了解自己，也頗能洞穿別人，但實際上，我們經常誤解自己，對於別人的認知也僅止於皮毛。正因為如此，必須與別人互動之時更加用心，才能贏得真心。

愈是睿智的人，愈有寬容的胸襟，一個寬宏大量的人，愛心往往多於怨恨，樂觀、忍讓的圓融個性，讓他成為一個真正聰明有智慧的人。

做人厚道，做事厚黑

美國經濟蕭條條期間，美國官方委派哈里·霍普金斯，負責聯邦政府的救急署，而里德·伊克斯，則負責聯邦政府的公共工程管理局。

但是，為了職責分工的問題，霍普金斯和伊克斯一開始就發生了衝突。

有一次，伊克斯向羅斯福抱怨，霍普金斯的動作太過緩慢，使他無法順利工作，不過，羅斯福卻要求伊克斯不要再耍脾氣了。

「我當時毫不客氣地頂了回去，」伊克斯在日記中回憶說：「那晚我說了許多話，因為是羅斯福總統，所以我才能如此發言，如果換成現在的其他總統，我恐怕就沒這麼大膽了。」

不久，羅斯福在全體內閣會議上，當眾告誡伊克斯，千萬不要再講霍普金斯和救急署的壞話。

「很明顯的，總統是有意要當著全體內閣成員的面，狠狠地教訓我一下。」伊克斯悲嘆地說。

在內閣會議以後，伊克斯想單獨見見羅斯福，但是卻被勞工部長搶先一步，還把總統這次行程裡，預留溝通的時間都用光了。伊克斯怒氣沖沖地回到自己的

辦公室，坐下來打了一份辭職信給羅斯福總統。

第二天中午，當伊克斯前去面見羅斯福總統時，總統用責備的眼神望著他，並給了他一個手寫的備忘錄。

「親愛的哈羅德……」在友好的稱呼之後，總統寫下了不同意他辭職的理由：「我對你充滿信心，為完成公共事業的巨大任務，國家非你不可，你的辭職我決不接受。你親愛的朋友，富蘭克林‧羅斯福。」

接到這樣的備忘錄，伊克斯的火氣完全消了，他說：「能遇到待人真誠而且值得信任的總統，實在沒有話可說！所以，我當然願意留下來了。」

你必須具備的應對智慧

二十世紀最偉大的科學家愛因斯坦曾說：「寬容意味著尊重別人的無論哪種可能存在的信念。」

很多人喜歡爭強鬥勝，為了炫耀自己比別人強那麼一點點，總是搶著出鋒頭，

一旦被別人比下去，就鬧彆扭、生悶氣。

其實，社會是個大染缸，人生是個修煉場，人應該變得更圓融、更成熟、更幹練，不斷地調整自己面對人生的態度，何苦老是為了生活中的芝麻細事跟別人過意不去，跟別人糾纏不休呢？

只要能用心處事、真誠待人，就一定能贏得人心。

羅斯福之所以會當眾責難伊克斯，其實只是要磨礪他的性情而已，因為他知道伊克斯的為人，也知道他的個性直率，更明白伊克斯是個難得的人才，所以他運用了「知才惜才」的用人智慧，成功地贏得對方的尊敬和信任。

藉機說出「言外之意」

懂得藉機說出「言外之意，弦外之音」，正是我們在社交時，非常需要學習的風範和技巧。

古希臘哲學家亞里斯多德曾說：「要說發脾氣，誰都會，這並不困難，難的是當你發脾氣的時候，懂得如何掌握分寸，懂得採取適當的方式，最重要的是懂得用機智來代替憤怒。」

的確，一個只為生氣而生氣的人在盛怒之下，嘴裡的那條舌頭就像一匹脫韁的瘋馬，而一個真正有智慧的人，在盛怒之下，則會用自己的機智去駕馭那條可能變成瘋馬的舌頭。

做人厚道，做事厚黑

某次午宴上，有位女士與柯立芝總統十分器重的大使，為了一件小事展開了一場唇槍舌劍的言詞交鋒。

這個女士越說越氣憤，為了壓倒對方，便故意貶低對方，說他粗野而無知，

正巧這時有一隻大黑貓懶洋洋地來到餐桌旁，靠著桌腿蹭起癢來了。

柯立芝總統這時巧妙地轉過身，對身邊的人說：「唉，這隻貓已經是第三次來這裡搗亂了。」

總統故意把這句話說得很大聲，正是為了讓那位「凶悍」的女士聽見，只見她馬上安靜了下來，之後就再也沒有聽到她的聒噪聲了。

你必須具備的應對智慧

一向彬彬有禮的柯立芝總統，會在這樣的社交場合中，突然大聲指責一隻貓，「指桑罵槐」的用意，在場人員自然都心照不宣。

這正是我們所謂的「話中有話」、「罵人不帶髒字」，能夠巧妙地對這個女士的無聊爭執做出抗議，卻又不會因為直接出言制止而影響宴會的氣氛，可說是一舉數得，方法絕妙。

這樣的機智，是許多人際關係良好的成功人士常發揮的，當別人正吵得不可開交時，他們往往會天外飛來一筆，而且效果非凡，避免了直指對方不是的尷尬，又能讓對方充滿了解其中的含義。懂得藉機說出「言外之意，弦外之音」，正是我們在社交時，非常需要學習的風範和技巧。

如何擺脫小人的糾纏？

日常生活中，每個人或多或少都有不能避免的人情壓力和煩人瑣事，為了擺脫糾纏，不動動腦袋想計謀是不行的。

維吾爾族有句諺語：「有駱駝大的身體，不如有鈕釦大的智慧。」

這句話告訴我們，沒有智慧的蠻力，根本毫無價值可言，換言之，只要你懂得運用智慧，那麼你將會恍然發現，有時候，看不見的「智力」要比看得見的「武力」更可以發揮料想不到的作用。

做人厚道，做事厚黑

有一天，林肯總統因生病住進了醫院，但仍然有不少人為了求得一官半職，來到他的病床前不停地嘮叨。雖然他們把林肯和醫生都煩得心情很差，但是礙於禮儀，又不便硬將他們轟走。

又有一次，一個令人討厭的傢伙正要坐下來跟總統長談一番時，醫生剛好走了進來。林肯於是伸出雙手問道：「醫生，我手上這些疙瘩是怎麼回事？」

醫生說：「這是假天花吧！不過也可能是輕度天花。」

林肯說：「那麼，我全身都長滿了這些東西，這種病會傳染吧？」

醫生說：「是，傳染性確實很強。」

這時候，坐在一旁的客人，立刻站了起來，大聲說：「哦，總統先生，我只是順道來探望您，希望您早日康復，我有事要先走了。」

「啊，別急著走嘛，先生！」林肯開心地說。

客人趕緊說：「以後有空我會再來拜訪的，以後再來……」一邊說，一邊急忙地往門外跑出去。

等那個人走遠，林肯這才高興地說：「現在，我終於有時間，看看那些客人

送的好東西了。」

你必須具備的應對智慧

這是非常有趣的小故事，充分表現了林肯總統做人做事的機智，以及他和幕僚人員之間的默契。

日常生活中，每個人或多或少都有不能避免的人情壓力和煩人瑣事，為了擺脫糾纏，不動動腦袋想計謀是不行的。

我們時常為了這些小事而困擾不已，在衡量面子、身份，或怕得罪別人之餘，常常必須按捺著情緒接受對方的疲勞轟炸，然後再找機會發洩或抱怨。

不過，一味隱忍，事情永遠也無法解決，而你永遠也只能抱怨。

學學林肯總統應付小人的智慧吧！

動動你的大腦，每一件事都會有他的解決方法和技巧，只要你多動動腦筋，一定會想出兩全其美的好方法。

幽默感能把大事化小

學會以幽默的態度面對事情，大事往往能化作小事，用幽默來解決事情，再尷尬的場面也能變得輕鬆自在。

希爾泰說：「動不動就生氣的人，只會突顯他無法駕馭自己的幼稚。」

因為，一個成熟有智慧的人，並不會動不動就用生氣來解決問題，而是會用機智來代替生氣的幼稚行為。

人與人之間的互動是相當微妙的，往往左右著一個人的成敗，凡事針鋒相對無疑是最糟糕的處世模式。發生紛爭的時候，如果你想把大事化小、小事化無，不妨試著發揮一些幽默感。

做人厚道，做事厚黑

柯立芝總統擔任麻薩諸塞州參議員時，有一次，一位健談的議員發言表示支持某項議案，發言時，在每句話的開頭，他都會重複說一句：「議長先生，話是這麼說的……」

當這位議員報告完後，反對這項議案的柯立芝馬上站起來說：「發言人先生，話不是這麼說的……」

登時全場哄然大笑，而那項議案也因此被否決了。

還有一次，有兩個議員為了某件事情，爭得面紅耳赤。

其中一位議員咒罵對方「該下地獄」，而挨罵的那位議員則是火冒三丈，拉著柯立芝要幫他主持公道。

只見柯立芝不慌不忙地說：「議員先生，您不必著急，我已經查過法典，您還用不著為此到地獄走一趟。」

柯立芝說完了這句話，議場緊張的氣氛便緩和下來了。

你必須具備的應對智慧

歐洲有句諺語說：「生氣的時候，去踢石頭，疼的只是自己。」

一個真正有智慧的人，生氣憤怒的時候，並不會蠢到用自己的腳去踢石頭，而會用幽默的方式表達自己的觀感。

機智幽默可以說是人們在社交場上所穿的最漂亮的服飾，尤其是你出糗或遭到言語攻擊，適時的機智絕對可以化解尷尬或對立的氣氛。

一句幽默的話，勝過長篇大論，如何運用幽默感來化解生活的難題，相信是許多人必須學習的課程。

學會以幽默的態度面對事情，大事往往能化作小事，用幽默來解決事情，再尷尬的場面也能變得輕鬆自在。

心平氣和才是對付小人的法則

若能以推理分析來回應，定能讓對手的荒謬論調不攻自破，而且更能得到別人的讚賞與欽佩！

我們都很習慣用憤怒處理事情，用情緒來駁斥別人說我們的不是，殊不知許多時候，因為過度激昂的情緒，反而容易模糊了事情的焦點，也更加容易讓別人忽略應當知道的事實。

不如學學下面故事中契斯特・朗寧的機智加以還擊吧！

做人厚道，做事厚黑

加拿大前外交官契斯特・朗寧是個在中國出生,而父母都是美國人的傳教士。

朗寧出生時,因為母親無法餵哺,所以便請了一位中國奶媽餵養他。

但是,沒想到在他三十歲競選議員時,這段往事竟被對手做為攻擊、誹謗的話題。他們批評的理由,正是朗寧曾經喝過中國人的母奶長大,身上一定有中國血統的謬論。

面對對手的惡意攻擊,朗寧也不甘示弱,隨即根據誹謗者的荒謬邏輯,嚴厲地加以駁斥。

他說:「如果喝什麼奶,就形成什麼血統的話,那麼你們誰沒喝過加拿大的牛奶?難道在你們身上就有了加拿大牛的血統嗎?當然,你們可能既喝過加拿大的人乳,也喝過加拿大的牛奶,那麼在你們身上,不就有加拿大人的血統,又有加拿大牛的血統了嗎?如此推論的話,你們豈不是『人牛血統的混血兒』了。」

你必須具備的應對智慧

日本作家櫻井秀勳曾經這麼說：「不管是什麼形式的批評，最好都要以機智幽默的方式進行。」

如果不懂得用機智幽默的方式化解衝突，那麼生活就是由摩擦和痛苦串連而成，如果能夠用輕鬆幽默的心態面對，那麼人生就會精采豐富。

在任何荒謬的論點，都有可能被編造出來的人際社會裡，要攻破這些謬論，除了要有冷靜理智的思考方式，更要有攻破敵手論點的機智。

若能以推理分析來回應，定能讓對手的荒謬論調不攻自破，而且更能得到別人的讚賞與欽佩！

適可而止，才是正確的溝通方式

不要強人所難，並且抱著將心比心的包容和尊重，那麼誤會與衝突，也都不會發生了。

羅馬思想家西塞羅曾經寫道：「幽默會給人帶來歡樂，而且，常常可以產生巨大的作用。」

的確，幽默不僅能令人開懷，而且還常有潤滑的妙用，可以讓你跟別人交際的過程中增添光彩。

做人厚道，做事厚黑

羅斯福總統在擔任紐約州長期間，喜歡在酒宴時喝些調酒，還特別喜歡勸身邊的人多喝酒，每當他看到別人的杯子空了，就會馬上說：「再來一杯吧！」

在一次宴會上，他熱情地為最高法院的法官塞姆‧羅斯曼加滿了第二杯酒，但是羅斯曼並不會喝酒，當他喝完第一杯雞尾酒時，就已經有點不大舒服了，因此，他趁其他人不注意的時候，把這第二杯酒偷偷地倒進角落的花盆裡去了。

不久，又有一場雞尾酒會，酒會中羅斯福故意對羅斯曼說：「塞姆，你知道嗎？行政大廈裡的花發生了怪現象，前幾天，有一棵盆栽的葉子開始變色，他們請來農業部的專家，把花和土壤都帶回去研究，檢驗出來之後，你猜他們發現什麼？他們發現土壤裡含有很高的酒精成份。問題是，這些土壤是從什麼地方挖來的呢？」

這時在場的人都笑了起來，羅斯曼也不好意思地笑著承認，是自己偷偷將酒倒入了那個花盆中。

接著，他對羅斯福說：「州長，如果你不想讓你的花全都遭殃，最好饒了我，別再給我第二杯酒。」

從此，羅斯福再也不勉強羅斯曼喝第二杯酒了。

你必須具備的應對智慧

沒有責難和爭辯，羅斯福總統與羅斯曼的互動裡，有著他們獨特的溝通方法，充滿著難得的風趣和幽默。

我們很容易強人所難，也很習慣用情緒來解決事情，其實，與人溝通的正確方式是，凡事適可而止。

不要強人所難，儘量找出問題的原因，並且抱著將心比心的包容和尊重，那麼誤會與衝突，也都不會發生了。

贏回自己應有的尊嚴

人與人相處之道，貴在誠心敬意，懂得如何互相尊重，你才有可能得到別人的敬重。

做事的時候必須用對方法，才能讓效果達到最大。如果你在事業、工作或生活上遇到瓶頸，那麼就必須冷靜想出解決的辦法。

冷靜是突破困境的最高智慧，可以讓自己頭腦清醒，不至於進退失據、患得患失；看看以下這個真實故事，或許對你有所幫助。

做人厚道，做事厚黑

儘管羅斯福總統很了解英國人，也很喜歡與英國人為友，但是，他仍然受不了英國官員所流露出來的傲慢態度。

有一天，財政部長亨利‧摩根索，拿了一封英國財政大臣的信給羅斯福看，他卻發現，對方在信封上沒有加上任何官銜的稱呼，而且很不禮貌地直呼部長之名：「亨利‧摩根索先生」。

摩根索沒有留意到這一點，他只注意到信裡的內容，但羅斯福卻一眼就看到了，也看出了英國人所顯露出來的傲慢。

當摩根索另外拿出一封他準備回覆的信件時，羅斯福看了看說：「這封信的內容，寫得不錯，但你犯了一個錯誤。」

摩根索慌張地問：「犯了什麼錯誤？」

羅斯福說：「在稱呼上，你應該直呼他的姓名，這樣才能與那封信的稱呼一致，所以，你千萬不要在稱謂上再加任何官銜。」

羅斯福這招果然厲害，英國財政大臣的第二封來信中，就規規矩矩地加上了美國財政部長的官銜。

想要提昇自己的競爭力，做人做事一定要講究策略和技巧，如果你太過單純，不管做什麼事情都不願動腦，那麼，無疑會陷入各種無法預知的陷阱和圈套，使自己的人生充滿危機。

羅斯福以其人之道，還治其人之身，給了傲慢的英國大臣一個教訓，也為自己贏回應有的尊嚴和敬重。

人與人相處之道，貴在誠心敬意、互敬互讓，懂得如何互相尊重，你才有可能得到別人的敬重。

雖然只是一個小小的官銜稱謂，但在細微處所應當表現出來的禮儀，卻比面對面的尊重更重要。

這是我們必須留意，也是許多人容易忽略的小細節，而且，往往因為這個小疏忽，而讓你莫名地得罪別人，或是失去大好機會。

真心誠意就能改變別人的心意

只要你能腳踏實地的付出，只要能用真心誠意的態度來實踐，再難攻破的堅石，也都一定能滴水穿石。

俄國文豪高爾基曾經寫道：「真誠的關心，讓人心裡那股高興勁兒就跟清晨的小鳥迎著春天的朝陽一樣。」

出自真心的幫助，不僅能藉善意的動作潤滑自己的人際關係，也會讓自己的心靈世界豐富起來。

做人厚道，做事厚黑

日本著名的政治家三木武吉，是一個非常具有雄心的人，二次世界大戰後，

他不僅建立保守政黨，還組成了鳩山內閣。

在經濟上，三木武吉也十分地自信，甚至誇口將以三木公司，與日本財經巨

頭三井、三菱鼎足而立。但是，他卻徒有抱負，而缺乏經商的頭腦，不久，三木

公司就因為屢遭詐騙，而負債累累了。

在進退兩難的時候，三木武吉狗急跳牆，不得不耍起手段欺騙別人，試圖以

此挽回敗局。

不過，他的騙局，很快就被對方識破了，而受騙的松太郎，一氣之下決定向

法院提起告訴。但是，身為政治家的三木武吉，如果被法院以詐欺罪起訴，不但

會毀掉他苦心經營的政治前途，也會因為坐牢而使自己的人生蒙上無法抹滅的污

點。就在三木走投無路的時候，有位一直默默關心他的女人救了他。她暗中拜訪

松太郎，希望他能網開一面，又以其女性特有的柔軟力量，希望他諒解三木的苦

衷，請求松太郎能給三木一條生路。

但是，由於松太郎受害很深，無論如何也不願退讓，所以這個女人想盡方法，

也無法打動松太郎的心。

突然，這位女子當著松太郎的面，拿起剪刀，剪下了自己的一頭秀髮，這個舉動終於打動了松太郎，同意撤回訴訟。

你必須具備的應對智慧

故事裡的三木武吉可說非常幸運，靠著那位女子相助，終於避免了一場牢獄災難。這個女子是三木武吉的貴人，她以誠意和犧牲來感動松太郎的精神，著實讓人感動，與三木武吉的不踏實，試圖以欺騙別人解救自己的行為，更是形成了強烈對比。

這個故事給我們的啟示，只要你能腳踏實地的付出，只要能用真心誠意的態度來實踐，再難攻破的堅石，也都一定能滴水穿石。

天底下沒有融化不了的冰山，世界上也沒有絕對不能和睦相處人，只要懂得設身處地為對方著想，真心誠意地對待他們，就一定能換來正面的回報。

3.

針對敵人的
弱點進行心理戰

面對蠻橫無理而又無知的人，
無法跟他們講道理的時候，
就要針對他們的弱點進行心理戰。

只有報復才能醫治心靈的創傷

俄國大文豪高爾基說：「除了強烈的復仇的毒藥，什麼也不能醫治我心靈的創傷。」

丹麥作家祁克果曾說：「想要了解人生，只能向前追溯；但要渡過人生，則應向前瞻望。」

確實，人生必須向前瞻望，但也不必硬逼著自己將過去的那些屈辱、不堪徹底遺忘，想醫治自己的心靈創傷，有時就必須適時適度地報復。

假如你遭到欺辱、誣陷、迫害，心中一定要想著以後不但要如法炮製，而且還要加倍奉還。這樣不僅可以鍛鍊你的意志力和思考力，也能培養臨機應變的能力，否則，你就會淪為人人都想欺負的懦夫。

做人厚道，做事厚黑

戰國時代，孫臏和龐涓一同拜鬼谷子為師，學習文韜武略，兩人並結為異姓金蘭，對天發誓日後如果心懷不軌加害對方，就受萬箭穿心而亡。

過了一段時間，龐涓自認為修習得差不多了，便急急辭別師父和孫臏，下山求取功名。孫臏則自認尚有不精之處，因而繼續留在鬼谷子身邊學習。鬼谷子見孫臏為人質樸，而且勤勉好學，就將自己鑽研文韜武略的畢生菁華《鬼谷兵法》傳授給他。

龐涓回到魏國之後，受到魏惠王（梁惠王）器重，並且當上駙馬爺。後來，魏惠王聽說龐涓的拜兄孫臏頗有才學，而且深諳兵法韜略，於是就讓龐涓邀請孫臏到魏國。

孫臏在魏惠王面前論起兵法滔滔不絕，令龐涓十分嫉妒，深怕他威脅到自己的地位，於是便在魏惠王面前百般誣陷孫臏，魏惠王信以為真，一氣之下命人把

孫臏的膝蓋骨挖掉，關進大牢裡。

龐涓為了騙取《鬼谷兵法》，表面上對孫臏大獻殷勤，孫臏不知道龐涓就是陷害他的主謀，十分感激地答應龐涓把《鬼谷兵法》刻在竹簡上。

後來，孫臏得知龐涓誣陷自己的實情，為了脫身開始裝瘋，一會兒痛哭流涕，一會兒狂笑不止，說起話來顛三倒四，語無倫次。

但是，龐涓工於心計，懷疑孫臏是因為不肯交出兵書故意裝瘋賣傻，於是叫人把孫臏扔進糞坑，豈知，孫臏竟抓起糞便就吃。至此，龐涓才完全相信孫臏真的發瘋了。

後來，齊威王派人到魏國救出孫臏。孫臏脫險回到齊國後，深受齊威王重用，不久使出「圍魏救趙」的計謀，並親自帶兵伐魏，用減灶之計殲滅魏軍，龐涓倉皇逃到馬陵道時被亂箭射殺，萬箭穿心而亡。

你必須具備的應對智慧

如果你時時刻刻都懷著強烈的復仇念頭，不知不覺中就會提昇自己的鬥志和毅力，在忍耐的過程中，會有許許多多的感觸，想法會變得更成熟，心胸也會廣闊許多。

俄國大文豪高爾基曾經這麼說：「除了強烈的復仇的毒藥，什麼也不能醫治我心靈的創傷。」

當我們受到別人欺負，心中總會想著如何報復對方，一旦燃起這種念頭，所有的自卑感和失敗感就會消失無蹤。

當然，你也可以選擇原諒對方，或者發揮阿Q精神，要求自己不跟對方計較，但是，若是要維持心理健康，就必須奉行「以眼還眼，以牙還牙」的原則，並且根據這個原則行動，把報復的主動權掌握在自己的手上，這才是一個聰明的強者該有的作為。

趁早脫身，才能躲過厄運

想要走出爾虞我詐的人性叢林，不被有心人士繼續利用，就必須絞盡腦汁，用積極行動幫助自己脫身。

奧地利作家茨威格在《棋梧》一書中寫道：「人應該為自己的思想去獻身，而不是為別人的瘋狂去送死。」

的確，電光石火般的人生太過短暫了，而我們想達成的願望卻是那麼多，因此我們只能選擇為自己和心愛的人而活。這麼說雖然現實，但是也是人生中不得不然的無奈選擇。

尤其，在這個奸惡之人當道、詐術騙術目不暇給的年代，許多有心人士更是處心積慮想要騙取我們的時間、熱情與精力，去為他們賣命，我們怎能不趁早從

這些陷阱中儘快脫身呢？

做人厚道，做事厚黑

明朝知名的風流才子唐伯虎，精通詩畫，博古通今，文才遠近馳名。寧王朱宸濠久仰其名，便重金禮聘他到自己的封地當官。

唐伯虎走馬上任後，朱宸濠對他相當禮遇。但是，經過一段時間，唐伯虎猛然察覺朱宸濠大肆招兵買馬，有圖謀不軌的跡象，暗自警惕：「此地是火坑，不可久留。」

他清楚朱宸濠生性多疑，倘若公然表達辭隱的意思，必定會引起朱宸濠的猜忌，搞不好還會招來殺身之禍，於是他就仿效孫臏裝瘋賣傻之計，忽哭忽笑，說話顛三倒四。

朱宸濠知道這事之後，派人前來查看他是否真的瘋了，只見唐伯虎全身赤裸、披頭散髮，在眾目睽睽之下淫猥地撫弄自己的生殖器官，還往地上撒尿，然後又

抓起污物來吃。

朱宸濠聽到屬下這番描述，認爲唐伯虎眞的瘋了，不覺興起憐憫之心，派人把他送回家鄉。

後來，朱宸濠謀逆不成，伏法受誅，餘黨無一倖免，唯有唐伯虎及早脫身，沒有被株連。

你必須具備的應對智慧

缺乏識人之明與觀察能力的人，總是迷惑於眼前的際遇，總是認爲對自己好的人就是好人，對自己好的事就是好事，忘記人性是虛僞狡詐的，世事是變動不羈的。這樣一味仰賴別人的結果，其實只會削弱自己的應變能力，有時甚至陷入險境而不自知。

日本心理學家德田虎雄在《產生奇蹟的行動哲學》一書中提醒我們：「行動，行動，行動……只有徹底的行動，才是改變自己，改變自己周圍社會的唯一途

徑。」

　　把自己的人生希望寄託在別人身上，不僅僅是危險的行徑，同時也是可憐與可悲的懦弱表現。

　　想要走出爾虞我詐的人性叢林，不被有心人士繼續利用，就必須絞盡腦汁，用積極行動幫助自己脫身。

　　萬一想不出更好的點子，不妨學習唐伯虎裝瘋賣傻的計策，讓對方認為你已經沒有利用價值，而不再對你糾纏不休。

　　這個方法雖然有損顏面，但是，想要讓自己快活一輩子，暫時委屈自己一下子又有什麼關係呢？

針對敵人的弱點進行心理戰

面對蠻橫無理而又無知的人，無法跟他們講道理的時候，就要針對他們的弱點進行心理戰。

美國總統林肯曾說：「如果我們能夠了解我們的處境與趨向，那麼，我們就能更好地判斷我們應該做什麼，以及怎樣去做。」

我們在生活中遭受的痛苦與折磨，有些是我們自找的，有些則是週遭的人硬生生加在我們身上的。

無論如何，這些都是相當不愉快的生活經驗，必須盡快擺脫，才能讓自己身心健康，過自己想過的日子。

想要脫離眼前讓自己痛不欲生的困境，就必須下定決心徹底分析自己當前的

處境，明瞭自己和對手的優勢與劣勢，然後才能設定往哪個方向突破，以最有效率的方式獲得成功。

以下這個故事雖然有點裝神弄鬼的成分，但是，多少可以讓我們在思索如何突破生活桎梏時，獲得一些啟發。

做人厚道，做事厚黑

從前，有一個秀才相當怕老婆，他的妻子是個醋罈子，生性潑辣善妒。

有一次，她怕丈夫到外頭拈花惹草，就在他的腳上綁了一條長繩，只要她一拉繩子，丈夫就得馬上前來報到。

這位秀才簡直活在水深火熱之中，苦不堪言，於是便找機會和一個平日熟識的神婆串謀，趁他的妻子睡午覺的時候，把長繩拴到一頭公羊腳上，自己則逃到外面逍遙。

秀才的妻子午覺醒來之後，便拉動繩子，要丈夫前來報到，誰知丈夫竟然不

見蹤影，卻不知從哪裡跑來一頭公羊。

她大吃一驚，連忙叫人找神婆前來詢問一番。

神婆屋裡屋外逡尋了一圈，然後煞有介事地說：「哎呀，這都是因為妳平日潑辣善妒，做事太過刻薄，把丈夫當成畜生看待，因此一氣之下就乾脆把妳的丈夫變成了一隻羊。如果妳願意懺悔改過，我可以幫妳祈求上天寬恕。」

婦人聽了這番話，不禁悲從中來，抱住羊頭痛哭不已，一再向神婆表示自己一定會悔過自新，請她設法幫忙。

為了把戲演得逼真，神婆便要她齋戒七天，而且全家大小都要到神壇前默禱，隨即牽著羊走了。

七天之後，這個秀才慢慢晃回家，他的妻子看見他之後，立即痛哭流涕地詢問：「你變成羊好多天，辛苦嗎？」

秀才暗自覺得好笑，但是一本正經說：「嗯，我還記得因為城裡沒草可吃，只好去啃桌腳，肚子不時隱隱作痛，還拉肚子拉了好幾天。」

他的妻子聽了更加傷心，決心要痛改前非，但是，有時候還是免不了會流露

潑辣善妒的本性。

每當這個時候，這個秀才便故意爬在地上，裝成羊的樣子亂跑亂叫，婦人大

驚不已，表示以後也不敢善妒了。

你必須具備的應對智慧

這個故事告訴我們，擁有比別人更多的知識就是擁有征服的力量，尤其是，

面對蠻橫無理而又無知的人，無法跟他們講道理的時候，就要針對他們的弱點進

行心理戰。

智力會增加成功的機率，因此我們平常就得鍛鍊自己的腦力，讓才智像太陽

一樣發光發亮，如此它才可能成為克敵致勝的秘密武器。

同樣的，自認為性格懦弱、意志力薄弱的人，也應該針對自己的弱點，加強

心理建設。

困難，往往是我們薄弱的性格想像出來的；徬徨、膽怯、逃避……種種負面心理，總是使得我們將一灘淺水想像成汪洋大海。

人若是碰到不如意的事情就陷入苦惱的迷宮，一直想個不停，最後必然會因為苦惱、疑惑而一蹶不振。其實，只要我們不去想負面的事情，性格自然可以變得樂觀開朗。

一個人只要腦海中存有「我是個很堅強的人」或是「不論碰到任何事情我都能隨機應變，沒什麼好怕的」之類的念頭，性格自然能夠隨之改變，進而誕生一個嶄新的面貌。

口蜜腹劍也能「名垂青史」

在高度競爭的時代，必須提防別人的惡性競爭，不論做什麼事情，都要有掌握正確資訊和運籌帷幄的能力。

日本心理學作家邑井操在《決斷力》一書中寫道：「一個成功者之所以與一般人不同，就在於他能夠在勝負未分之前，對自己的應變能力充滿信心，然後去謀取獲得勝利的條件。」

的確如此，成功者之所以能夠成功，關鍵就在於競爭過程中，懂得掌握最新最快的情報，然後設法為自己製造最有利的條件，不動聲色地排除那些潛藏在暗處的威脅。

至於失敗者之所以失敗，往往就是引用錯誤的情報錯估形勢，或者昧於知人，

喜孜孜地把別人包藏禍心的建議，當成對自己有利的忠言，事前既不查證，事後又對自己的失敗感到莫名其妙。

做人厚道，做事厚黑

李林甫是唐玄宗的宰相，也是以口蜜腹劍「名垂青史」的陰謀家。

他有一個心腹大患名叫嚴挺之，由於觸怒唐玄宗而被貶黜到地方任職，但是李林甫仍時存戒心，對他處處提防。

果然，有一天，唐玄宗突然想起嚴挺之，想召他回京師任職，便信口問李林甫說：「嚴挺之現在被貶到哪兒？過幾天把他調回京城吧！」

當天，李林甫退朝後，立刻擺駕前往嚴府，笑嘻嘻地對嚴挺之的弟弟說：「我是特地來報喜訊的，陛下對令兄的現況相當關心，想把他召回京師，但是，又拉不下面子，你不妨通知令兄，讓他向皇上聲稱自己中風，奏請回京療養，讓皇上有個台階可下……」

嚴挺之接到弟弟的書信，不禁喜上眉梢，即刻派專人呈遞奏文，請求唐玄宗調他回京。

唐玄宗接到奏文之後，隨即詢問李林甫應當如何處理，李林甫當下擺出一副忠厚老實的模樣，恭恭敬敬地回答說：「嚴挺之已經年紀老邁，而且中了風，念在他以前的功績，敬請陛下恩賜，把他調回京師擔任閒職，讓他專心養病。」

唐玄宗聽到李林甫這番爲嚴挺之「設想」的說詞，不疑其中有詐，直誇讚他：

「你眞是體恤嚴挺之啊！」

你必須具備的應對智慧

歌德曾經寫道：「凡是把厚道做爲目的和目標來標榜的人，大都是僞善的。」

的確，任何利用外表美德來掩飾裝飾自己的人，都是僞善者，在他們身上，可以發現兩個極端，那就是這些人表面上看起來像道德家，但私底下卻幹盡令人不齒的勾當。

正因爲如此，一個精明的人，若想在做人或做事之時不遭人算計，就不能盲目信任別人，因爲，你以爲的那些好人，不一定就是好人！有時候，外表和善的人，其實才是最奸詐狡猾的。

李林甫的奸詐手段，幾乎已經到達爐火純青的境界。

看完這則故事，我們不難理解，李林甫可以在唐玄宗時代獨攬大權，屢次鬥倒政敵，其實不是偶然。

當他從言談中聽出唐玄宗有意再起用嚴挺之的訊息，便開始構思如何保護自己的地位，當下拿出看家本領，施用巧計，既把政敵嚴挺之東山再起的機會消滅於無形，又讓唐玄宗以爲他「宰相肚裡能撐船」，真不愧是口蜜腹劍的厚黑高手。

嚴挺之被李林甫耍得團團轉的例子，並不是古代資訊不發達的社會才有，事實上在現代高科技社會中也屢見不鮮。

這些受騙上當的人的慘痛教訓，無疑提醒我們，在高度競爭的時代，必須提防別人的惡性競爭，不論做什麼事情，都要有掌握正確資訊和運籌帷幄的能力，才能先下手爲強。

何必在意別人怎麼看自己？

若是整天為了流言蜚語瞎操心，不但有害身心健康，而且也不敢有開創性的作為，那不是很愚笨嗎？

俄國文豪高爾基說：「一個人想要在生存鬥爭中取勝，就得要有智慧，不然，就得要有野獸一般的心腸。」

在這個人人都想出頭的年代，人往往會處心積慮地塑造自己，試圖以完美的形象與表現出現在公眾面前，加深別人對自己的印象。

如果你自認沒有野獸一般的心腸，那麼，想要在競爭激烈的人生獲勝，就必須運用智慧出奇制勝，同時，不要理會別人如何批評、抗議。

做人厚道，做事厚黑

法國有家「未來海報廣告公司」，創業之初為了打響知名度，不斷苦思良策，殫精竭慮之後，便在某個大樓的廣告牆上張貼了一幅巨型海報。

海報上只有一個漂亮的女郎和一行文字。女郎身材健美，笑容可掬，穿著三點式泳裝，雙手插在腰際，身邊的一行斗大的文字寫著：「九月二日，我將脫去上半身的泳衣。」

路過的行人看得滿頭霧水，既不知道這幅養眼的海報有何用意，也不知道是誰張貼的，一時之間，路人議論紛紛，不約而同想看看海報上的漂亮女郎，會不會真的在九月二日露出上半身。

九月二日清晨，圍觀的人群赫然發現，這個漂亮女郎依舊雙手插腰，向行人露出迷人的微笑，但上半身的泳衣果然不見了，露出豐挺的雙峰，女郎身邊的那行大字也換成：「九月四日，我將脫去下面的。」

出奇的海報戰術，不但引起了過往行人品頭論足，還引起新聞媒體的注意，

記者們四處探聽採訪，但卻一無所獲。

九月四日凌晨，許多人一大早就起來，前去看個究竟。

他們見到的畫面是，漂亮女郎下面的泳褲果然不見了，女郎身材修長勻稱，

背向著行人一絲不掛，身旁照舊有一行字，寫著：「未來海報廣告公司，說得到，

做得到！」

未來海報廣告公司就靠著這個廣告而名氣扶搖直上。

儘管事後法國婦女解放組織指責該公司以女體做廣告，有損婦女尊嚴，引起

了一場糾紛，但未來海報公司卻從此打響了知名度。

你必須具備的應對智慧

不管做什麼事，一定要講究策略和技巧。如果你不願花點心思想想，老是直

來直往，非但無法順利達成目的，還會陷入各種無法預知的陷阱和困境之中，使

自己的人生充滿危機。

成功的秘訣其實很簡單，那就是要明瞭一個道理：機會總是留給厚臉皮的人，

何必在乎別人怎麼看自己？

太過於在意別人怎麼看自己，只會讓自己行事受到牽制。

豐臣秀吉絕不在乎別人對他的觀感如何，即使有人當面對他說：「我從沒看

過像你臉皮這樣厚的人！」他也毫不介意，反而嬉皮笑臉地回答：「是的，我就

是這種厚臉皮的人。」

後來，他更進一步認為，既然大家都知道他臉皮厚，做事情不就可以更加恬

不知恥？別人對他擺明了「不要臉」的行事作風雖然不喜歡，但也莫可奈何，拿

他沒辦法。

有許多人往往為了別人對自己的看法、批評和傳聞而終日心神不寧，其實，

有什麼好煩心的呢？這類事情都是短暫的，只不過像啤酒泡沫一樣微不足道，若

是整天為了這些流言蜚語瞎操心，不但有害身心健康，而且也不敢有開創性的作

為，那不是很愚笨嗎？

如何過河拆橋最安全？

莎士比亞在《奧賽羅》中說：「遭小偷的人，要是不知道小偷偷走了什麼東西，別人也不讓他知道，他就會感覺自己並沒有任何損失。」

日本作家扇谷正浩說：「世界上最聰明的人，就是懂得如何使用聰明，而且事成之後不遭到他人反噬的人。」

宋太祖趙匡胤無疑就是這樣的聰明人。他靠著部下發動「陳橋兵變」，披上黃袍創立大宋江山，政局穩固之後，又害怕眾位將領如法炮製，威脅到自己的地位，便使出過河拆橋的手段，不但用杯酒釋掉部下手中的兵權，還想盡辦法榨乾他們身邊的錢財，讓他們叛變的實力減到最低。

以下就是趙匡胤的經典傑作之一。

宋太祖趙匡胤陳橋兵變、黃袍加身後，說過一句膾炙人口的名言：「臥榻之側，豈容他人酣睡？」

做人厚道，做事厚黑

他建立宋朝江山之後，先用杯酒釋兵權的方法，削奪了各州節度使的兵權，但是後來又擔心他們留在身邊的錢財過多，尚有招兵買馬的實力，便找藉口告訴他們說，既然解甲歸田了，就要好好享受人生，硬給他們每人修建了一座華麗豪宅，每座住宅都耗費了數萬兩黃金。羊毛出在羊身上，這些錢當然由節度使們自行支付。

接著，趙匡胤又藉口要和昔日戰友敘敘舊，設局邀請他們到皇宮赴宴。結果，當晚眾節度使都喝得酩酊大醉，不省人事，趙匡胤於是找人傳令，叫他們的家人前來將他們攙扶回家。

趙匡胤客客氣氣送他們到殿門之時，煞有其事地對這些將領的家人說：「你

們的父兄在宴飲的時候，都答應要捐出十萬貫錢給朝廷，我怕他們酒醉後忘了這件事，你們可得提醒提醒他們。」

後來，諸位節度使酒醒以後，便詢問他們是怎麼回家的，在皇上面前有沒有失禮的舉止。

他們的子弟都回答說：「失禮倒是沒有，不過皇上說，你們都答應要捐十萬貫錢給朝廷。」

你必須具備的應對智慧

這些將領們聽了莫不大吃一驚，但是繼而一想，覺得自己喝醉以後，搞不好真的說過這番話，不然皇上怎麼會這麼說呢？要是不快點把錢捐出，恐怕會惹皇上生氣。

第二天，諸位節度使雖然心裡極不情願，但是為了保住腦袋，都如數捐出了十萬貫銅錢。

莎士比亞在《奧賽羅》中說：「遭小偷的人，要是不知道小偷偷走了什麼東西，別人也不讓他知道，他就會感覺自己並沒有任何損失。」

趙匡胤可以說是中國歷史上數一數二的厚黑高手，不但心思纖細縝密，騙人的招數出神入化，連「偷東西」的功夫也毫不含糊，偷東西偷到這種境界，簡直可以稱為「神偷」。

不過，話說回來，他也是中國開國君主中最溫和善良的，懂得運用巧妙的手腕逼退那些戰功彪炳的元勳，讓彼此相安無事。這種手段至少比大肆誅殺功臣好上許多，值得想甩開人情包袱的人效法。

如果你利用別人替自己打天下，事成之後想要過河拆橋，一定要先設想可能的負面影響，而且，過程中必須留意自己的處理技巧，如此才不會引起激烈反彈，導致弄巧成拙。

為什麼你要不好意思？

詩人克雷洛夫說：「一個真正的天才，能蔑視世人的毀譽，他們天生的特長，使得批評家啞口無言。」

日本心理學家德田虎雄在《產生奇蹟的行動哲學》中，告訴我們一個鍛鍊堅強性格的方法：「為了像一個真正的人那樣生活，就要有自己的奮鬥目標，並為了達到目標而徹底改變自己。」

這是因為，想要達到自己的終極目標，就要有不顧一切奮力向前的積極精神，一旦找出明確可行的奮鬥目標，人的精神狀態就會在無形之中有所改變。精神狀態變得積極昂揚，人的性格也會徹底改變。

日本明治維新時代的大思想家福澤諭吉，年輕的時候以行徑荒誕不經著名。

做人厚道，做事厚黑

他經常假冒警察到戲院看霸王戲，一看到婚喪筵席便毫不客氣坐下來大吃一頓，遇到救火場面，還會假冒英勇救災的消防員，臉不紅氣不喘地接受商家的慰勞和餽贈。

福澤諭吉出身舊式士族家庭，但他從不理會什麼「士族的體面」這回事。當時，維新政府推動廢藩運動，士族地位日趨沒落，但仍然相當重視體面，保留著許多繁文縟節，譬如絕不能自己親自外出買東西，因為拋頭露面有損士族的尊嚴，所以這類雜事必須交由僕人來做。

但是，當時一些低階的士族已經沒有財力養活僕人，要買東西只有自己跑腿，在顧及顏面的情況下，只有等到晚上，街上行人稀疏的時候，用方巾包住臉部，然後躡手躡腳地出去買。

然而，福澤諭吉卻從不避人耳目，經常在大白天拿著酒瓶跑到酒舖買酒，同伴們看不慣他老是敗壞士族顏面，就數落他說：「你好歹也顧一些我們士族的顏面吧！大白天拿著酒瓶跑到酒舖買酒，成什麼體統？你難道一點都不覺得不好意思嗎？」

但是，福澤諭吉卻不以為然地表示：「我為什麼要不好意思？」

他反唇相譏說：「如今士族的地位已經大不如前了，以往的副業現在已變成謀生的本業，所以不要老是以為我們是士族而自鳴得意，其實，如今的我們境遇和尋常百姓又有什麼不同呢？」

福澤諭吉之所以會有這麼大的轉變，是有原因的。

有一天晚上，福澤諭吉走在一條空曠無人的道路上，對面忽然出現了一個人，因為當時社會動盪不安，夜晚常常發生強盜殺人案件，所以他發現這個人後，心中大吃一驚，以為對方是個強盜。

他原想逃走，但是武士道精神卻不容許他這麼做，因為，逃跑保全生命，對武士而言無異是奇恥大辱，於是他硬著頭皮，額上直冒冷汗，表面上卻仍挺胸大

步向前行走。

他直覺地感到，對方也正注意著他，於是就在擦身而過的剎那，忽然飛快地拔腿狂奔，直到一段距離之後，才停下來回頭觀望，卻發現對方也和自己一樣飛奔，這才明白，原來對方也把他誤認為強盜了！

自從這件事以後，福澤諭吉的想法便徹底改變，跳脫了虛榮的桎梏，後來創辦慶應大學，成為一代思想宗師，至今肖像仍留在日本鈔票上。

福澤諭吉告誡後人說，既然是人，就應該想到擁有生命才能擁有一切，因為害怕而拔腿狂奔是極自然的現象，根本不是什麼丟臉的事，如果為了顧及顏面，萬一喪失生命，那才真是迂腐的行為呢！

你必須具備的應對智慧

俄國詩人克雷洛夫說：「一個真正的天才，能蔑視世人的毀譽，他們天生的特長，使得批評家啞口無言。」

福澤諭吉的故事告訴我們，不論是覺得失戀很丟臉、做錯事很丟臉，甚至因害怕而逃避現實也是很丟臉的……這些都是錯誤的想法。

任何人都難以避免地會遭到失戀、失敗的打擊，也很可能一念之差做錯事，或是藉著某種形式逃避可怕的現實壓力，一切原本都是自然現象，又有什麼好羞恥的呢？

和作姦犯科、犯下滔天大罪相比，這些芝麻細事情根本沒有什麼大不了，何必覺得難為情呢？假如你終日為了這些細事患得患失，那麼，你就會變成一個神經衰弱，或者卑微懦弱的人。

如果你能從現在開始改變自己的態度，鍛鍊自己的臉皮，心胸就會更加開闊，見地也才會愈加成熟，才能優游自在地過自己的人生。

不細心推敲，就會落入圈套

面對顯而易見的騙局，我們通常都能輕易地識破。但是，一旦你自認遠比別人聰明而得意忘形時，你就會墜入另一個圈套之中。

荷蘭思想家史賓諾莎說：「誠實的人向來討厭虛偽，而虛偽的人卻常常以誠實的面目出現。」

確實如此，誠實有時候只是虛偽的另一種寫法。

當別人有心存心要欺騙你的時候，你一定要提高警覺，因為，這時候他們往往以誠實、謙卑的面貌出現，然後使用巧妙的伎倆遂行騙術，讓你被騙了還渾然不自知。

做人厚道，做事厚黑

古時候，有一個文人叫朱古民，以行事機智幽默聞名。

有一年冬天，他到一位湯姓文人家中拜訪，兩人坐在火爐前天南地北地閒聊。

聊著聊著，湯姓文人嫉妒朱古民享有盛名，不以為然地說：「別人常常誇獎你聰明機智，我偏偏不信你的才華智慧會輸給你，這樣子吧，我坐在屋內，如果你有辦法把我騙到屋外去，我就甘拜下風。」

朱古民想了一下，面有難色地回答說：「老兄，這未免太困難了吧？屋外颳風下雪，天氣那麼寒冷，而且你心裡已經打定主意不讓我騙，就算我用盡各種法子，你也必定不肯走出屋外。不如這樣，我們換種比較容易的方式，你先到屋外，我用室內的溫暖來引誘你，這樣子，你一定很快就會被我騙進來。」

湯姓文人聽後，不疑有詐，笑著說：「哼，你想騙我，哪有這麼簡單?! 我就走到屋外，看你有什麼本事騙我進來！」

湯姓文人隨即得意洋洋地走到屋外，然後對屋內的朱古民高聲喊道：「喂，我已經到屋外了，你現在趕快騙我到屋內吧！」

朱古民看了湯姓文人在風雪中凍得發抖的模樣，拍手笑道：「湯兄，我何必再騙你呢？我早已經把你騙到屋外了。」

你必須具備的應對智慧

話說得越悅耳動聽、越合情合理，越必須反覆斟酌其中是否有詐。

因為，語言只不過是一種工具，有時用來表達真實意見，有時用來隱藏見不得人的心思，要是不細心推敲，就容易被表面現象欺騙。

面對顯而易見的騙局，我們通常都能輕易地識破。但是，人性是狡詐的，一旦你掉以輕心，自認遠比別人聰明而得意忘形時，你就會墜入另一個圈套之中，正像故事中的湯姓文人，自己都已經被騙到屋外了，卻渾然不知，還高聲喊著要別人把他騙到屋內。

4.

用另類的方式
改變對方的態度

溝通，並不是一味強迫對方接受自己的想法，
也不是一味屈躬卑膝試圖改變對方自以為是的態度，
而是以恰當的方式找出彼此的折衷點。

適時退讓可以抑制對方的鋒芒

以自嘲的方式，讓自己從尷尬中站起來，或是以卑微的態度，減少對手的敵意，這些都是「以退為進」最常用的成功方法。

作家愛默生曾經寫道：「社交場上的交際高手，通常不會直截了當說出反駁別人的字眼，而是含蓄地表達其意思。」

當眾受到別人羞辱是件非常難堪的事，但是，就算你氣得七竅生煙，也不一定能擊退對方。

這時，不妨以不同的方式解決，不用聲調高亢地加以辯駁，也不用尖酸刻薄地反唇相譏，而是適時利用退讓使自己前進，以包容的讚賞讓對手失去鋒芒，使對方不戰而敗，知難而退。

做人厚道，做事厚黑

大文豪蕭伯納的新作《武裝與人》，首次公演便獲得了熱烈的回響。

當觀眾在劇終要求蕭伯納上台，接受大家的祝賀時，卻突然聽見一個人對著

他大喊：「蕭伯納，你的劇本糟透了，誰要看？回去吧！停演吧！」

所有觀眾都大吃一驚，許多人猜想，蕭伯納這時肯定會氣得渾身發抖，或許

也會有所反駁。

但是，蕭伯納非但沒有生氣，還笑容滿面地朝向那個人，深深地一鞠躬，非

常有禮貌地說：「我的朋友，你說得很好，我完全同意你的意見。但遺憾的是，

我們只有兩個人，實在很難抵抗這麼多的觀眾吧？就算我和你意見相同，也無法

禁止這場表演，不是嗎？」

蕭伯納說完這幾句話後，立即引來了全場如雷的掌聲；至於那位故意挑釁的

傢伙，就在觀眾的掌聲中，偷偷地溜走了。

你必須具備的應對智慧

失意與挫折是每個人都沒有辦法逃避的人生考驗，如何用幽默樂觀的心態面對，無疑是相當重要的。

當現實環境不如預期，不妨發揮幽默感，許多苦惱都會雲淡風輕。

以退為進，是待人處事的高超技巧。

有時候，我們會看見別人以自嘲的方式，讓自己從尷尬中站起來，或是反其道而行，以卑微的態度，減少對手的敵意，並讓自己有機會再次伸展，這些都是「以退為進」最常用的成功方法。

「以退為進」的道理很簡單，方法也很容易，只要你肯適退讓一步，你就能換得前進一步的機會。

惡言相向，不如運用反諷的力量

與其惡言相向，不如運用幽默來反諷，反而更能直指人心，讓對方得到啟發和教訓。

美國作家雷普利爾曾經這麼說：「幽默能帶來悟力和寬容，冷嘲則帶來深刻卻不友善的理解。」

大家都明白，日常生活中應該儘量用幽默來化解人際之間的摩擦，不過，幽默其實只適用於某些有涵養的人，至於那些高傲自大的小人，恐怕只配接受別人的冷嘲熱諷。

做人厚道，做事厚黑

有一次，生物學家格瓦列夫在講課時，有個學生突然在台下學雞叫，並且引來了全班同學的大笑。

這時，格瓦列夫鎮定地看了看掛錶說：「咦，是我的錶壞了吧！沒想到現在是凌晨時分哩！不過，無論如何，我很確信一件事，公雞報曉是一種低能動物的本能。」

格瓦列夫的這幾句話，當場讓這個惡作劇的學生無地自容。

據說，俄國詩人普希金年輕時，曾在彼得堡參加一個公爵的家庭舞會。

當他邀請一位小姐一起跳舞時，這位小姐卻極其傲慢地說：「我才不和小孩子跳舞呢！」

普希金雖然遭到莫名的奚落，但他並未發怒，反而笑著說：「對不起！親愛的小姐，我不知道您肚子裡懷了孩子。」

普希金說完後便離開了，只留下那位紅了臉的小姐，無言以對。

你必須具備的應對智慧

一個再有能力的人，也要具備一些心機，更要懂得把心機發揮在可以勝出的地方，如果你不具備一些城府，說好聽一點的是「單純天真」，說難聽一點的就是「愚蠢無知」。

人只要具備從容處世的能力，就能輕鬆面對窘境，像格瓦列夫和普希金一樣戰勝身邊那些討厭的傢伙。

生活中的任何窘迫情況，我們都有可能碰到，不管是令人尷尬還是令人生氣的情況，與其惡言相向，不如運用幽默來反諷，反而更能直指人心，讓對方得到啓發和教訓。

不管事情發生得合理與否，我們都要學會巧妙地化解。

也許用個小技巧，也許用我們學來的知識與智慧，巧妙地加以回敬，有時候反而更能達到自己的目的。

廣交朋友不如減少敵人

如果你交了許多朋友，同時也製造了許多敵人，那麼建議你，把交朋友的心思，分一些在如何避免與人為敵的思考上吧！

有句諺語說：「路不要走絕，話不要說死。」

的確，在社會上行走，多給自己留轉寰的空間，千萬動輒樹立敵人。萬一遇到一時難以解決的問題或是糾紛，不妨平心靜氣地化解。

只有建立和諧的人際關係，才能厚植自己的實力。

做人厚道，做事厚黑

一七五四年，喬治‧華盛頓上校率領著部屬駐防在亞歷山大市。

此時，正值維吉尼亞州進行議員選舉，華盛頓也投入選舉活動，支持某位候選人。但是，當地有個名叫威廉‧培恩的意見領袖，卻非常不以為然，極力反對華盛頓支持這位候選人。

有一次，華盛頓就選舉問題，與培恩展開了一場激烈的爭論，激辯中竟出現了一些極不入耳的髒話，培恩聽了火冒三丈，一拳揮過去便把華盛頓給擊倒在地。

正當聞訊趕來的士兵，氣憤地要為長官報仇時，華盛頓卻阻止他們，並命令他們安靜地回營地去。

翌日，華盛頓託人帶口信給培恩，邀請他到當地的一家酒店會面。

培恩緊張地來到酒店，猜想這個約會不懷好意，恐怕會是一場惡鬥。但出乎意料之外的，迎接他的卻是一雙友善的手。

一進門，華盛頓就立刻站起來，笑容可掬地張開雙手歡迎他，並誠摯地說：

「培恩先生，每個人都免不了犯錯，肯誠心認錯的人，才是真正的英雄。昨天確實是我不對，你也已經採取行動挽回面子，如果你覺得那樣已經足夠了，現在請

握住我的手，讓我們來做個朋友吧！」

這場風波就這樣平息了，而華盛頓從此也多了一個擁護者，那個人就是威廉

‧培恩。

你必須具備的應對智慧

阿拉伯有句諺語說：「越是面對對不起你的人，越是要寬大為懷。」

「多交一個朋友，不如少一個敵人」，一定有人覺得這句話很矛盾，但是，

這卻是為人處世的精闢之言。

如果你交了許多朋友，同時也製造了許多敵人，那麼建議你，把交朋友的心

思，分一些在如何避免與人為敵的思考上吧！只要少了個敵人，就等於多一個朋

友，畢竟，想化解彼此之間的仇恨，需要足夠的耐心和誠意。

一如華盛頓的處理方法，如果你以為他只是多了一個擁護者，那你就錯了，

因為他所贏得的榮耀與崇拜，絕對在你我想像之外。

誇大其詞可以使小人原形畢露

只要你肯花心思，活用一些技巧，就不會因為受制於這些小人而大傷腦筋。

法國文豪雨果在他的著作《鐵面人》中，曾經這麼譏諷地寫道：「天底下最可憐的笨蛋，是那些從來不懷疑別人可能言行不一，而對別人所說的話一味地信以為真的人。」

實話實說固然是一種美德，但是，當你急於摸清一個人的真實樣貌，或是一件事情的真相，單刀直入不一定有效。

這時，你就必須懂得「誇大其詞」。

做人厚道，做事厚黑

法國的寓言故事作家兼詩人拉封丹，非常喜歡吃馬鈴薯。

有一天，僕人為他端來了一個剛出爐的馬鈴薯，拉封丹卻嫌馬鈴薯太燙，於是把它先放在飯廳的壁爐上待涼，便起身去辦別的事情了。

可是，等拉封丹回來時，馬鈴薯卻不見了，他想起僕人好像曾經去過飯廳，便猜想，一定是僕人把它給吃了。

於是，他大聲地呼喊：「喔！我的天！是誰吃了我的馬鈴薯？」

「不是我。」那個僕人回答說。

「那我就放心了。」拉封丹裝出一副放心的模樣，鬆了一口氣。

「為什麼這麼說？」僕人不解地問。

「因為，我剛在馬鈴薯上加了毒藥啊！」

「不是真的吧？我的天！你在上頭加了毒藥……那我不就中毒了！」僕人聽

到後十分地驚慌。

拉封丹知道偷吃的人是誰了之後，便笑著說：「放心吧！我騙你的啦！不這

麼講，我怎麼有辦法知道事情的真相呢？」

你必須具備的應對智慧

深諳心理作戰的人，總是能夠適時運用謀略，抓住人性的弱點發動攻勢，因

此，不用大費周章就能輕而易舉地取勝。

人為了掩飾自己的錯誤，或是基於保護自己的心理，常常不由自主的編造一

些謊言掩飾真相，這時就得「引蛇出洞」。想引蛇出洞，有時得「危言聳聽」，

攻破人心的弱點，這是寓言詩人拉封丹對付狡詐小人的絕妙技巧。

日常生活也是如此，對於那些貌似忠厚的小人，有時候只要略施小技，也能

使他們原形畢露。甚至一個轉念和方法的改變，都能讓事情的另一個面貌真實呈

現，只要你肯花心思，活用一些技巧，就不會因為受制於這些小人而大傷腦筋。

情緒會洩露一個人的底細

在這個偽詐多變的社會中，你不僅要學會控制自己的情緒，也要看得懂別人的情緒和脾氣。

作家米爾頓曾經說：「人和天使都不善於識別偽善，因為，偽善是包裝精美的罪惡，有時候，連上帝也會上它的當。」

然而，不論如何偽裝，情緒還是會洩漏一個人的底細。有的人喜歡妝點自己，平日一副道貌岸然的模樣，說起話來頭頭是道，儼然是博學多聞的紳士。但是，這樣的人只要一被激怒，就會自動現形，讓別人看清他們原來的德性。

做人厚道，做事厚黑

日本某家電視台，找了一百位議員來上節目，節目中由主持人發問，然後再聽取這些議員的意見。

由於節目是現場直播，而且每位議員都被分隔開來，因此並不會看到彼此回答的情況。不久，主持人開始提出詢問，每一個問題都非常嚴苛，並且直涉核心。

剛開始時，這些議員們都回應得不錯，但是，在主持人猛烈且毫不客氣的質問下，慢慢地有些人開始回答得亂七八糟。

這讓許多人，甚至是主持人，都對他們產生了藐視的心態。接著，主持更提出了一個敏感的問題，這時有個議員發怒了，生氣地對主持人說：「別開玩笑了，我不會再回答你的任何問題。」

說完後，這個議員便氣憤地離開了，不過攝影機仍一路跟拍，還將他離開會場的情況也拍攝下來。

其實，這個節目早已設計好了陷阱，目的就是要讓對方陷入圈套。

因為，議員們平時在議會或記者會上，只會說些冠冕堂皇而公式化的見解，很難聽到他們的真心話，所以，為了讓議員們能說出心裡真正想說的話，節目的

製作團隊想出了許多點子和問題，更企圖以刻薄的問題，來引爆他們的脾氣。

而這個方法也真的奏效了，這群在議會上對答如流的議員，不只說出了平日所不會回答的問題，也真實地表現出他們的脾氣和做事的態度。

你必須具備的應對智慧

法國哲學家尚福爾曾經說過：「在重大事件中，人們所展現的是自己最完美的一面，只有在瑣事中，他們才會暴露出本來的面貌。」

修養不夠或是能力不夠的人，其實一探便知，他們只要被別人激怒，就會原形畢露，而且往往不知道如何控制自己的情緒，是非常容易攻破心防的對手。

做人要聰明，做事要精明，在這個偽詐多變的社會中，你不僅要學會控制自己的情緒，也要看得懂別人的情緒和脾氣；能夠知己知彼，你才不會受制於人，反而能將對手操控於手掌之中。

用另類的方式改變對方的態度

> 溝通，並不是一味強迫對方接受自己的想法，也不是一味屈躬卑膝試圖改變對方自以為是的態度，而是以恰當的方式找出彼此的折衷點。

勵志大師麥斯威爾曾經寫道：「當你面對困境，不能逃避或繞開它們，而必須面對它，同它打交道。」

這番話用在人際關係上，有時也會產生意想不到的效果。

面對那些自以為是、自恃甚高的人，有時一味表現出謙遜的態度，只會使自己一再受到羞辱。當你忍無可忍的時候，不妨和對方進行一場「另類的溝通方式」，如此才能改變對方的態度。

做人厚道，做事厚黑

羅斯福在四十二歲時就當上了總統，而且是美國歷史上最年輕的總統。

由於他是第三十二任總統富蘭克林‧羅斯福的堂叔，所以人們通常尊稱他為「老羅斯福總統」。

老羅斯福在他二十三歲時，就意氣風發地當上了紐約州議會的議員，當時有許多人都鄙夷地認為他是個不學無術的貴公子，只不過是靠著身家背景才冒出頭。

某天傍晚，他散步來到一家酒吧，正準備喝杯啤酒時，正巧看見一個名叫約翰‧科斯特洛的資深議員，正和他的兩個老朋友喝酒。

當科斯特洛看見老羅斯福走進酒吧，便譏笑他說：「喂！乳臭未乾的小鬼，你沒得感冒吧？」

但是，羅斯福並不理會他的嘲弄，於是科斯特洛繼續高聲叫道：「你這個該死的貴公子！」

羅斯福聽到這句話後，便把眼鏡拿了下來，慢慢地走到科斯特格的面前，二話不說，一拳就把科斯特洛打倒在地，就在眾人訝異之際，羅斯福接著又是一拳，把科斯特洛的朋友也打倒在地。

另一個人看到這個情況後，只好馬上拔腿就逃。這時，羅斯福轉身對站起身子的科斯特洛說：「你去洗把臉吧！洗完後再和我一起喝酒。」

科斯特洛只好乖乖地照辦，羅斯福在離開前對他說了一句話：「聽好，你在有身份的人面前，也要表現得像個有身份的人！」

你必須具備的應對智慧

所謂的溝通，並不是一味強迫對方接受自己的想法，也不是一味卑躬屈膝試圖改變對方自以為是的態度，而是以恰當的方式找出彼此的折衷點，如此才不會被人看扁了。

也許羅斯福動手打人，不免讓人覺得沒有風度，也讓人感到吃驚，但是，之

後的說理，卻表現出他思考的條理和有勇有謀的智慧。因為，他打人並不是一時年少氣盛的反撲，而是一種為自己爭取尊重的溝通方式。

在這個欺善怕惡的社會中，往往這樣迅速果斷的行動表現，才能為自己爭取到應有的肯定與尊重。

沉住脾氣，才能輕鬆解決問題

沉住脾氣，把問題反覆思考後，再一針見血地指出來，有建設性的提出意見，你才能真正的把問題輕鬆解決。

沉住脾氣，冷靜解決問題。

「裝腔作勢」並不一定是件壞事，有時候它只是一種情緒的偽裝，幫助自己

功人士，也都曾經在關鍵時刻做出這種舉動。

「裝腔作勢」並非是投機取巧的小人才會耍的心機，有時候你我耳熟能詳的成

做人厚道，做事厚黑

伊利諾州參議員梅迪爾‧麥考密克的夫人相當活躍、難纏，經常代夫出征，四處進行遊說。她曾經動員芝加哥的波蘭人，到總統府去訪問，目的是讓聯邦政府對一名波蘭裔的芝加哥人，能獲得公正的司法判決。

當團員被帶進總統辦公室時，柯立芝總統仍十分嚴肅地坐在椅子上，很專注地看著一條地毯。

過了很久，柯立芝總統才抬起頭說：「這地毯真不錯！」

這群來造訪的人都禁不住笑了，他們帶著驚奇，附和地點點頭，這時，柯立芝總統又說：「這是一條新的地毯，花了不少錢呢！」

這時的辦公室，沉重的氣氛已經解除了，於是，柯立芝總統說道：「這條新的比那條舊的耐用，你們放心好了，我會幫你們找個好法官的。」

原本一場充滿火藥味的拜會行程，就在輕鬆的氣氛中結束了。

總統接待施壓團體，原來是件很嚴肅的政治活動，沒有處理好，肯定會形成僵局。但柯立芝總統卻能把氣氛變得十分輕鬆自然，使嚴肅的代表團員反而放鬆了心情，在這樣的氣氛下慢慢地引入正題，並把意見說了出來，問題也在輕鬆的

氣氛中解決了。

你必須具備的應對智慧

身為一個政治人物，任何的動作或發言，都有著一定的影響力，柯立芝總統引入正題的方法，其實並沒有什麼技巧，只是，他比別人更加細心地緩和彼此的情緒而已。不願造成爭論，也不願看見群眾的情緒激動，所以在他生活化的開場白中，同時也正在思考如何給施壓團體一個滿意的答覆。

而這也正是許多人無法解決事情的關鍵！一有事情發生，多數人只知急躁地辯駁或爭論，而不會先靜下思考解決之道。

其實，冷靜地想一想，我們是不是常常只顧著抱怨，而忘了徹底的反省呢？結果事情又處理得如何呢？想解決問題，先學一學柯立芝總統的智慧吧！沉住脾氣，把問題反覆思考後，再一針見血地指出來，有建設性地提出意見，你才能真正的把問題輕鬆解決。

不要活在自以為是的框框

勝海舟曾說：「乘勢而起、虛名滿天的人，一旦時過境遷便不值一提。」一時的春風得意，又有什麼好驕傲的呢？

莎士比亞曾經寫道：「聰明人變成了癡愚，是一條最容易上鉤的游魚，因為他憑恃才高學廣，看不見自己的狂妄。」

真正聰明的人必然懂得尊重別人，因為他們十分清楚，要是不尊重別人感受與立場，不管擁有如何高深的學識，最終只會引起別人討厭與嫌惡。

三人行必有我師，學歷高的人不一定比學歷低的人能力好，也不是年紀大的人，就一定比年紀輕的人更聰明能幹，更有辨別能力。

人應該要有相互學習的雅量，而不是侷限在自以為是的小框框裡。

做人厚道，做事厚黑

英國戲劇家蕭伯納在造訪蘇聯時，曾遇到一位很可愛的小女孩，蕭伯納非常喜歡這個小女孩，還和她玩了許久。臨別時，蕭伯納對小女孩說：「回去後記得告訴妳媽咪，就說今天你和世界上很有名氣的蕭伯納玩了一天！」

說完，蕭伯納心裡得意地想，當小女孩知道自己是和一位名人玩耍之時，一定會驚喜萬分。

「您就是蕭伯納伯伯？」

「怎麼，難道我不像嗎？」

「是啊，可是我不懂，為什麼要告訴蘇聯的小女孩和你玩耍喔！」那麼請您回去之後，也記得要告訴您的媽媽，就說今天有一位蘇聯的小女孩和你玩耍喔！」

蕭伯納聽了，驚訝得說不出話來，也立刻意識到自己太自以為是了。

蕭伯納深有所感地說：「不論你有多大的成就，都絕不能驕傲、自誇，因為

每個人都應該平等相待，更要懂得謙虛和自重。那天，小女孩為我上了一堂寶貴的課程，所以她也是我的老師，一輩子我都不會忘！」

你必須具備的應對智慧

人一旦有了些微成就、地位、名氣，往往就會驕傲、自大、自以為是，而且言行中流露出「小人得志」的惡習。

日本明治維新的元勳勝海舟曾說：「乘勢而起、虛名滿天的人，一旦時過境遷便不值一提。」

一時的春風得意，又有什麼好驕傲的呢？

沒有一個人的生活會和你完全一樣，因為彼此存在著差異，所以在思想、態度、和處事方法中，也都會有所不同。

如果能交換彼此不同的學習心得，不侷限自己，讓生活處處都有學習的機會，那麼你才不會困在自己的世界裡，找不到自己的天空。

5.

提防別人對你
進行「道德謀殺」

拿破崙曾說：「暗殺一個人有許多種不同方式，
用手槍、刀劍、毒藥，或是道德上的暗殺。
這些方式的結果是相同的，
只是最後一種更為殘酷。」

提防別人對你進行「道德謀殺」

拿破崙曾說：「暗殺一個人有許多種不同方式，用手槍、刀劍、毒藥，或是道德上的暗殺。這些方式的結果是相同的，只是最後一種更為殘酷。」

日本相撲界強調，想要成為一個成功的力士，必須堅守「三不」原則。

所謂「三不」原則，就是不生病、不受傷、不理會，其中又以「不理會」這條守則最為重要，就是對於失敗、挫折，以及別人對自己的看法和批評，全都不加以理會。

一個人若是在意別人對自己的批評，就會作繭自縛，凡事先想到是否對自己的聲譽有所損害，而想要表現得更加符合旁人的心意。如此一來，就等於將自己禁閉在虛榮的牢籠中，別人的批評和讚譽，反而會使自己精神層面的成長停頓下

做人厚道，做事厚黑

因為設立諾貝爾獎而享譽國際的火藥商亞佛雷得‧諾貝爾，曾經是一個惡名昭彰的大奸商，也是一個對別人的批評置若罔聞而獲得成功的典範。

儘管，他尚未聲名遠播之前，法國人對他的批評極為尖酸刻薄，例如「該死的商人」、「專門搞破壞的惡棍」、「冷血無情的火藥梟」……但是他絲毫不以為意。

諾貝爾是瑞典人，但是在巴黎住了十八年，從事軍火研發及買賣。

他為了改良槍砲彈藥等武器，打通關節向法國政府商借了一座靶場，進行各式各樣的試驗。後來，他研發出無煙火藥，想要將專利賣給法國政府狠狠撈一筆，不料法國政府嫌他開價太高，拒不接受，於是，諾貝爾就將專利轉賣給義大利政府。

來。

諾貝爾研製出來的軍火產品，幾乎都在他稱為「第二故鄉」的法國境內實驗成功，倘若賣給其他國家還情有可原，可是他卻見利忘義，偏偏將無煙火藥賣給法國的死對頭義大利，因此法國人相當憤慨，大罵他是「該死的商人」、「專門搞破壞的惡棍」、「冷血無情的火藥桌」……

對於這些謾罵，諾貝爾根本懶得理會。

後來，他在世界各地設立了許多火藥公司，累積了龐大的財富，便開始積極營造自己的形象。

他拿出一大筆錢創設諾貝爾獎，獲得各國人士的器重，從此搖身變成一個全球聞名的偉大人物，也扭轉了過去大家對他的卑劣印象。

你必須具備的應對智慧

拿破崙曾說過一段膾炙人口的話：「暗殺一個人有許多種不同方式，用手槍、刀劍、毒藥，或是道德上的暗殺。這些方式的結果是相同的，只是最後一種更為

殘酷。」

　因為，當你患得患失地面對別人的批評之時，就會失去自由自在的思考能力，無法放手去做自己真正想做的事，最後就無可避免地淪為任由別人價值觀念操縱的傀儡。

　所謂的批評，常常是一種道德上的謀殺。

　所謂的建議，通常也是不負責任的餿主意。

　在變動不羈的人生旅程中，必須時時提醒自己「人性本來就很詐」，認清各種包藏禍心的批評與建議，避開可能坑殺自己的陷阱。

　諾貝爾的例子足以說明，世人都是趨炎附勢的庸碌之徒，只要你成功了，別人對你的評價自然而然會大為改觀。

把迷信變成樂觀的思想

日本名作家三島由紀夫曾經在他的著作《行動學入門》中寫過一段話：「當我們在做一件事情時，總是先訂下一個自認為合情合理的計劃，然後才著手去幹，但是，過程中往往卻被一些事前未曾預料到的力量阻礙，以致於前功盡棄。因此，人們經常感覺到有一股神秘力量環繞在我們的生活圈子裡，左右我們一切的行動。」

確實如此，人總是覺得自己擬定的計劃合情合理、無懈可擊，最後一定能夠成功，但是卻經常受到偶發因素的干擾，以致於計劃進行得不順利，所以，有些

人就開始祈求神佛幫助，或者借助神佛的力量穩定軍心。

做人厚道，做事厚黑

北宋年間，廣西壯族首領儂智高率眾叛變，據地稱王，名將狄青奉命徵調駐紮在桂林的軍隊前往征討。

由於壯族位於蠻荒瘴癘之地，加上山路險阻難行，軍隊剛剛從桂林出發，兵士們便個個面露疑懼的神情。

狄青知道南方的習俗特別崇拜鬼神，因此經過一處山神廟時，便命令眾士兵暫時歇息，然後恭恭敬敬地在廟前對天告禱說：「這回前去征討壯族，勝敗難料，我在這裡誠心向上蒼祈禱，庇祐我們能夠凱旋歸來。現在，我手中有一百枚銅錢，我把這些銅錢擲出去，如果全部出現正面，就表示上蒼將庇祐我們大獲全勝。」

左右參將連忙勸告狄青說，萬一銅幣撒出去後不能全部現出正面，恐怕會對士兵產生負面的心理影響。

但是，狄青不聽勸告，在眾目睽睽之下信手一撒，把手上的一百枚銅錢全部擲出去，派人查看的結果，竟然全部都是正面。一時之間，兵士們歡聲雷動，聲音迴盪山谷。

狄青見狀相當高興，接著，又派人拿來一百根鐵釘，將每個銅錢釘住，然後對士兵們說：「等我們凱旋歸來之時，再來取錢謝神。」

後來，狄青果然順利平定壯族之亂，班師返回桂林途中，經過這座山神廟的時候，派人取回了鐵釘、銅錢，士兵們拿起銅錢一看，才發現，錢幣的兩面居然都是正面。

征討壯族之路崎嶇險阻，加上崇山峻嶺中瘴癘之氣瀰漫，導致兵士們疑懼不前，因此，狄青才會拿出事先準備好一百枚「特製」的銅錢，假借鬼神的名義，增強軍隊戰勝的信心，也因此獲得勝利。

你必須具備的應對智慧

日本名作家三島由紀夫認為，世界知名的冒險家和政治家當中，有許多人是神秘主義者，他們相信宇宙之中有一種不可思議的力量，可以幫助自己獲得成功，因此面對危險和困難時，他們的心情會鎖定下來，從不安和恐懼中解放出來，進而產生更多對抗障礙的勇氣。

大多數的冒險家或政治人物都相信占卜的神秘力量，有趣的是，他們除了充滿野心、賭性堅強以外，還有一種特殊的現象，那就是只相信對自己有利的預言，不利的部分就完全不相信。

譬如，看手相或是批流年的時候，算命師所說的好話，他們會記得一清二楚，至於那些不利的預測，他們一轉身就全部忘掉了，這樣的迷信可以說是充滿了樂觀的思想。

也許有人會反駁：「只相信好的一半，卻不相信另一半壞的，這不是很矛盾嗎？如果覺得算命不可信，那就不要相信算了。如果相信有利的部分，那麼不利的部分也應該相信才對！」

但是，占卜的奧妙就在這裡──你相信什麼，最後就會得到什麼，一味講求

它的科學性，是愚笨至極的行為，根本不了解占卜的本質。

法國文豪羅曼羅蘭說：「信仰不是一種學問，而是一種行為，它只有在被實踐的時候才有意義。」

遭遇挫折或者困難的時候，我們應該學習狄青激勵士兵的智慧，充滿樂觀進取的思想，讓「樂觀的迷信」變成一股積極的動力，讓自己和週遭的人充滿信心和勇氣。

不要與豺狼共舞

> 馬基維利在《君王論》裡說：「只有依靠你自己和你自己的能力，才是可靠的、有把握的和持久的。」

墨西哥有句俗諺說：「千萬不要相信豺狼，你給牠一個指頭，牠就會吞掉你整個胳膊。」

世間有太多吃不吐骨頭的豺狼，但是有的人被名利富貴沖昏了頭，偏偏想與豺狼合謀，試圖設下陷阱誆騙別人，殊不知，最後一個掉入陷阱的往往就是自己，白白成了豺狼的點心。

以下的這個故事，就是我們必須引以為戒的教訓。

做人厚道，做事厚黑

唐代宗時期的名將李抱貞坐鎮潞州之時，由於軍資匱乏，便無所不用其極地四處籌措。當時，潞州有一老和尚德高望重，頗受民眾敬仰，李抱貞便把他請來，恭恭敬敬地說：「目前軍資匱乏，我想借重您的聲望來籌措軍餉，不知可不可以嗎？」

老和尚說：「這沒有不可以的。」

李抱貞便將事先想好的計謀說出：「那就請您向信徒宣佈，您已決定挑選良辰吉日，要在球場焚身升天，請信徒們捐錢做法事。我會在附近挖一條地道，與球場中央相通，等到大火點燃以後，您就悄悄從地道中爬出，然後對信徒宣稱，西方佛祖要您繼續留在凡間普渡眾生。如此一來，我籌得了軍資，您的威望也會如日中天。」

僧人聽了樂不可支，很高興地接受了這個計劃，於是開始四處宣傳自己即將

焚身升天。

隨後，李抱貞便在球場中央堆積柴薪，連續作了七天法事，晝夜香火不斷，誦佛唸經之聲不絕於耳。另外，他也請老和尚進入地道，讓他詳細察看，消除他的心中疑慮。

到了焚身當天，前來觀看的善男信女摩肩擦踵，把球場擠得水洩不通。時辰一到，老和尚身著華麗袈裟登上祭壇，手持香爐，對眾人弘佛說法；李抱貞也率領僚屬到場頂禮膜拜，並率先把自己的俸祿全都捐出。善男信女們見狀，也紛紛捐出自己的財物，施捨的錢財不計其數。

李抱貞歛足了錢財，這才派人點燃堆積的柴薪，並擊鐘唸佛。但是，就在老和尚想要爬出地道，向信眾展現「神蹟」之時，赫然發現李抱貞暗中派人將地道堵死了。

不一會，老和尚和木柴同時化為灰燼，李抱貞隨即派人清點財物，全部用馬車載回軍營。

你必須具備的應對智慧

馬基維利在《君王論》裡說：「只有依靠你自己和你自己的能力，才是可靠的、有把握的和持久的。」

要與豺狼共舞，必須先估算一下自己究竟有多少本事，要是自己能力不足，必須依賴別人才能成事，就別貿然嘗試。

千萬不要聽信別人提供的狡詐手段，試圖以此滿足自己虛榮和慾望，否則下場就像故事中貪圖聲譽的老和尚一樣。

呆頭呆腦的老和尚「與豺狼共舞」的結果，白白丟掉自己寶貴的生命，而且恐怕臨死之前，還不敢相信，堂堂一代名將李抱貞竟然會幹出這種「謀財害命」的勾當！

「沽名釣譽」有什麼不好？

假如你覺得自己懷才不遇，想要改變現狀，不妨學習陳子昂「沽名釣譽」的方法，努力為自己創造機會吧！

法國思想家狄羅德說：「沒有目標，就做不成任何事；目標渺小的人，就做不成任何大事。」

人必須抱持著樂觀的態度積極求勝，想要使自己出人頭地，心中必須存有絕對不輸給別人的信念。

只要設定目標就會產生自信，一旦有了自信，就能適應社會的變化無常，過著樂觀奮鬥的生活。

做人要厚道，做事要厚黑
158

做人厚道，做事厚黑

唐朝初年的大詩人陳子昂曾經寫過「前不見古人，後不見來者；念天地之悠悠，獨愴然而淚下」的千古名句，但是，他剛從家鄉四川風塵僕僕到京師長安謀發展之時，並沒有多大名氣，因此整天苦思良策，覓尋能讓自己一舉成名的「終南捷徑」。

有一天，他經過市集，見到有個賣胡琴的人，聲稱他的琴是上古留傳下來的罕見珍品，價值百萬，圍在一旁觀看的富豪顯貴們競相傳閱，但是卻無人能夠分辨真假。

這時，陳子昂突然從人群中昂然走出，對左右侍從說：「用車子拉一千貫銅錢來，將這把琴買下。」

眾人見到陳子昂出手如此闊氣，都感到驚奇，紛紛上前詢問他為什麼連看都不看就把胡琴買下。

陳子昂回答道：「這是因為，我對彈奏胡琴很在行。」

有人開口問說：「喔？那我們可以欣賞一下你的琴藝嗎？」

陳子昂回說：「沒問題，明天你們可到寒舍來。」

第二天，許多人按照約定時間來到陳子昂的住處，只見那裡早已備好酒菜，胡琴則放在桌前。

大家吃完飯後，便起鬨要求陳子昂彈奏胡琴，陳子昂手抱胡琴說道：「蜀人陳子昂，著有文章百卷，風塵僕僕來到京城，但卻鮮為人知。演奏胡琴乃是低賤的樂工所為之事，不值一哂！」

說完，陳子昂便將胡琴摔在地上，霎時胡琴支離破碎。接著，陳子昂便把自己刻印好的文章取出贈送給前來湊熱鬧的人。眾人讀了，嘖嘖稱奇，一天之內，陳子昂就譽滿京城。

你必須具備的應對智慧

狄摩西尼曾說：「沒有做法的想法，只是廉價和空洞的想法。」

確實如此，不論你有多麼了不起的想法，如果不敢厚著臉皮努力將它實現，那麼這種「想法」，充其量只是毫無任何價值的空想。一個人想要成功，除了要擁有別人沒有的想法之外，最重要的是必須具備將想法付諸實現的做法。

唐代文風鼎盛，只要有文采，都能獲得傳頌讚揚。陳子昂利用胡琴施出奇計「沽名釣譽」，果然聲名大振。

有句諺語提醒我們：「人既要有一步登天的雄心壯志，也要有步步為營的踏實態度。」

假如你覺得自己懷才不遇，想要改變現狀，不妨學習陳子昂「沽名釣譽」的方法，努力為自己創造機會吧！別說自己沒辦法，路是人走出來的，辦法也是人想出來的，只要你想要成名的慾望夠強，就一定可以跨越障礙。

如果你厭倦了思想呆板、毫無創意的自己，不妨將以往陳舊的慣性思考模式拋開，重新尋找一些新的思考方法；經過訓練之後，你的潛意識就會朝著新的思考方向發揮作用，一個嶄新的自我自然會應運而生。

用機智化解自己的尷尬

要過著愉快的生活，就必須讓自己的臉皮厚一點，鼓起勇氣面對現實，有時不妨對別人的嘲弄還以顏色。

烏納穆諾在《生命的悲劇意識》中說：「一個人或一個民族，所能達到的最高程度的英勇氣概，就是知道如何面對嘲諷。」

倘使你遇到類似以下故事中的狀況，被人當眾揶揄嘲弄，但是又不能當場發作的時候，應該怎麼辦呢？

也許，你只能效法三國名人諸葛恪的行事方法，設法用機智來化解尷尬，用幽默來鍛鍊自己的臉皮，然後想盡辦法順手牽羊，讓對方因為逞口舌之快而損失一些利益。

做人厚道,做事厚黑

諸葛恪是三國時代東吳名臣諸葛瑾的長子,從小就有神童的美譽。

諸葛瑾,字子瑜,是諸葛亮的大哥,由於他的臉長得很長,經常成為別人取笑、調侃的話題。

有一次,孫權宴請東吳群臣同樂的時候,又想開諸葛瑾的玩笑,於是叫人牽來一頭驢子。驢子牽來之後,孫權笑嘻嘻地拿起毛筆,在驢子的臉上寫上「諸葛子瑜」四個字,在場的眾位大臣見到孫權藉驢子揶揄諸葛瑾的臉長得很長,不禁哈哈大笑。

當天,諸葛恪恰巧隨諸葛瑾前去赴宴,見到孫權和眾大臣笑聲不斷,自己的父親卻尷尬得無地自容,立即趨前向孫權跪拜說:「請大王把筆借我一用,讓我添上兩個字。」

孫權想看看號稱神童的諸葛恪要耍什麼花樣,於是便欣然同意,把手中的毛

筆遞給了他。

諸葛恪接過毛筆，走到驢子面前，不急不徐地在「諸葛子瑜」下面，添上了「之驢」兩個字。

群臣見狀，又是一場哄笑，紛紛誇讚諸葛恪聰明機智。孫權見狀也樂不可支，於是笑著對諸葛恪說道：「既然是諸葛子瑜之驢，那就讓你多牽回家去吧！」

就這樣，諸葛恪不僅爲父親打了圓場，化解了尷尬的局面，而且還順手得到了一頭驢。

你必須具備的應對智慧

要過著愉快的生活，就必須讓自己的臉皮厚一點，鼓起勇氣面對現實，有時不妨對別人的嘲弄還以顏色。

但是，究竟要到達什麼程度，才能算是厚臉皮呢？大概就是達到所謂「顛撲不破」的程度吧！

也許，你會覺得自己臉皮太薄，其實這完全是性格和想法的問題，只要稍加鍛鍊，就可以輕鬆改造自己，甚至達到「八風吹不動」的最高境界，完全無視別人的揶揄、嘲諷。

眾所周知，德國「鐵血宰相」俾斯麥具有很強韌的性格以及不屈不撓的精神，直就經不起絲毫考驗。

但是，很少人知道，少年時代的俾斯麥，其實是個意志非常薄弱的紈褲子弟，簡直就經不起絲毫考驗。

後來，他為什麼能夠成功地改變自己的軟弱性格，成為統一德意志帝國的風雲人物呢？俾斯麥以自己的經驗強調說：「人只要能改變習慣性的思考模式，就能改變自己的性格。」

少年時代的他性格懦弱，就是由於他本身的習慣性思考過於懦弱所致，長大後他具有異於常人的強韌性格，主要是因為他改變了自己習慣性的思考方法。俾斯麥的例子，證明人的性格是可以改變的，只要你能改變自己的性格，就能優游自在地過自己的人生。

以牙還牙，才是成功的心法

俄國作家赫爾岑說：「人生只有在鬥爭中才有價值，只有受過痛苦，才能領悟人生的價值。」

以牙還牙，才是成功的心法。

一個弱者想在現實又勢利的社會生存下去，必須要有這種報復雪恨的態度，這是人生中最積極的能量。

郝克曾經寫道：「做人臉厚，做事心黑，是成功的八字真言。」

儘管，許多所謂的「賢人」一再告誡我們，報復是心胸狹隘的，要學會放下，但是，這種一味想要息事寧人的消極想法，只會使壞人更加氣焰高張，好人更加無處容身。

成功的秘訣其實很簡單，那就是做人要懂得應該臉厚的時候臉厚，做事要懂得在該心黑的時候就心黑。

殊不見，古今中外你我耳熟能詳的成功人士，哪一個人的臉皮不是比牆壁還要厚，哪一個人的心肝不是比黑炭還要黑，但是，他們卻都能獲得你我連做夢都夢不到的成功。

做人厚道，做事厚黑

越王勾踐被吳王夫差打敗後，困守在會稽山上，不得不派人向夫差求和。夫差志得意滿地接受了勾踐的請求，但是提出苛刻的條件，要勾踐到吳國當夫差的僕人，勾踐礙於情勢，不得不忍辱答應。

勾踐到吳國後，住在山洞裡，每次夫差外出，他就恭恭敬敬地走在前頭為他牽馬；遇到路上有人故意羞辱謾罵，勾踐也始終低頭不語，表現出一副奴顏婢膝的模樣。

他表面上裝得懦弱無能，暗中卻積極策劃復國雪恨的計劃。

有一次，夫差病了，勾踐聞訊前去探望，為了表達自己對夫差忠心耿耿，便虛情假意地對夫差說：「我曾跟名醫學過醫道，只要嚐一下病人的糞便，就能知道病情的輕重。」

隨即，勾踐親口嚐了嚐夫差的糞便，然後裝出一副諂媚的模樣對他說：「恭喜大王，剛才我嚐了大王的糞便，味道有點酸有點苦，應該是得了『時氣之症』。得了這種病，很快就會好，請大王不必擔心。」

夫差聽了不禁大受感動，認為勾踐比自己的兒子還孝順，而且他卑賤到這種程度，必定不會有反叛之心，不久便釋放勾踐回到越國。

回到越國後，勾踐臥薪嚐膽，禮賢下士，招兵買馬，經過十年生聚教訓後，終於報仇雪恥，一舉滅了吳國。

你必須具備的應對智慧

俄國作家赫爾岑說：「人生只有在鬥爭中才有價值，只有受過痛苦，才能領悟人生的價值。」

人如果時常被別人欺負、糟蹋，總會覺得心有不甘而想要報復，這是極為正常的心理反應。

正因為心裡存著報復的念頭，人才能激發出奮鬥的動力和目標。一旦受到別人的欺壓、凌辱，而心中卻沒有一絲報復的念頭，將會成為自卑感的俘虜，不但影響心理的健康，一輩子也只能不斷地向更底層沈淪，永遠也見不到人生的光明遠景。

狡猾虛偽、欺詐殘忍、言行不一是人性的重要特徵，因此，如果你不想繼續受傷害，就必須逼迫自己成為強者，讓人不敢輕侮。

勾踐臥薪嚐膽的故事提醒我們，當我們處於弱勢的時候，一定咬緊牙關儘量忍耐，等到自己的實力壯大到可以打敗敵人的時候，一定要以其人之道還治其人之身，並且要想盡辦法徹底殲滅他們，絕對不可以手下留情，這是成功的最基本原則。

搞不清楚狀況，最好少講話

想一想：你對這件事、這個人夠了解嗎？如果答案並不肯定，那麼建議你還是先閉上嘴，留一點思考的空間給自己吧！

《戰國策》裡有句話說：「弗知而言為不智，知而不言為不忠。」

的確，什麼也不知道就亂發言，或是只知道一半就亂說話，普天之下的不智者，大都會犯這樣的錯誤。

在搞清楚狀況之前，最好還是不要亂說話，因為在這種情況下所說的話，絕大部分只會顯露出自己的無知而已。

做人厚道，做事厚黑

老王有天在街上閒逛，看到前方不遠處似乎有車禍發生，一群人正擠在一旁圍觀。他生性愛看熱鬧，連忙湊過去想看個究竟，可是人太多了，怎麼擠也擠不進去。

此時，老王忽然心生一計，站在人群後大喊：「讓開！我是死者的父親！讓我過去！讓我過去！」

只見大夥兒都一臉驚訝地望著他，並很快讓了一條路讓他過去。老王往前走了好幾步，但是眼前的景象卻讓他頓時說不出話來。

原來，奄奄一息躺在地上的是一隻豬。

你必須具備的應對智慧

老王或許覺得自己很聰明，想得出這麼一招，可以輕輕鬆鬆地就擠到人群的最前面一探究竟，卻沒想到因為他的自作聰明，弄得自己在眾人面前出了個天大的糗！

文學家老舍曾經這麼評論：「憑著一點浮淺的所知而大發議論，和醉鬼藉著點酒力瞎嘮叨大概差不了多少。」

說出去的話就如同潑出去的水，沒有辦法再吞回肚子裡，就算事後我們後悔了、改變心意了，先前的失言還是會像火燒野草一樣，在別人眼裡形成負面效應，再也無法挽回。

有些人天生就是喜歡大發議論，也不管自己到底對這件事、這個人懂多少，嘴巴上卻說得自己好像是個專家似的。對於這種人，法國哲人孟德斯鳩曾經做了如下的評論：「思考得越少，話就越多。」

這麼直接的形容，真可說是一針見血！因此，下次在開口說話之前，別忘記先在心裡想一想：自己真的對這件事、這個人夠了解嗎？如果你的答案並不肯定，那麼建議你還是先閉上嘴，留一點思考的空間給自己吧！

太過無知，小心被當成白癡

老是在貧乏又狹隘的世界裡自嘆遇不到伯樂的人，無法了解外面的世界有多大、自己的能力又有多小。

托·富勒曾說：「略知皮毛者總愛反覆談論那些皮毛。」

只懂得一點點的人經常因為自己本身的無知，而自以為已經無所不知。

想想，如果我們總是得不到他人的肯定，那究竟都是別人的問題，還是我們自己的問題？

我們面臨的競爭，比以前任何時代都要激烈萬分。如果你不設法讓自己更聰明一點，更精明一點，想要繼續裝傻、擺爛，那麼，你就只能在「裁員滾滾」的洪流中載浮載沉。

做人厚道，做事厚黑

話說有兩個落第秀才結伴歸鄉。這日兩人來到一座城外，看到參差不平的城牆，一時詩興大發，其中一名秀才於是吟道：「遠看城牆鋸鋸齒。」

另一名秀才不甘示弱，隨口就接了下一句：「近看城牆齒齒鋸。」

「唉，像我們這樣的文才竟然沒有考上，我看主考官們八成都瞎了眼！」想到別人衣錦還鄉，而自己卻一無所獲，二名秀才不禁抱頭痛哭。

這時候，恰巧一名農夫趕著馬車從旁邊經過，看到二位書生痛哭流涕，覺得很奇怪，於是上前關心。二書生便將自己的經歷向農夫哭訴一通，又將剛剛作的句子唸一遍給農夫聽，還十分不服氣地說：「像我們這樣的天才居然落第，世界上哪裡還有天理呀！」

話剛說完，農夫卻突然蹲在地上哭了起來，書生們以為農夫是同情自己的遭遇，於是禮貌地上前勸慰。沒想到，農夫邊哭邊說：「這世界還眞是不公平啊，

我的地貧瘠得幾乎長不出東西，可是眼看著你們兩個人一肚子的屎可以拿來做肥料，我卻沒辦法掏出來！」

你必須具備的應對智慧

這世上確實有許多人因為種種原因懷才不遇，滿腔的才能與幹勁沒有辦法發揮，只能鬱鬱度日。不過，卻還有更多肚子裡滿是草包的人，自以為才高八斗、學富五車，事實上沒有幾分才能，還不懂得補強自己的不足，一天到晚只會埋怨他人「不識泰山」、「不懂欣賞」！

俄國作家拉季舍夫曾經說過：「在知識的山峰上登得越高，眼前展現的景色就越壯闊。」

老是在貧乏又狹隘的世界裡自嘆遇不到伯樂的人，無法了解外面的世界有多大，自己的能力又有多小。唯有透過不斷的努力與學習，我們才能在更進一步了解世界與人群的同時，也驗證自己的能力與視界究竟到達何種程度。

6.

即使虛情假意，
也要做得徹底

凡事只要看開了，
做事的態度自然會變得從容而冷靜，
膽量會變大，臉皮會變厚，
搞不好虛情假意的事情也做得出來。

如何瓦解敵人的心防？

面臨到輸贏的關鍵，更應該步步為營，千萬不要急著想要快速贏得勝利，而必須以冷靜審慎的態度堅持到底。

有位哲人曾說：「誰要是未雨綢繆，誰就一定吉星高照；誰要是只看到眼前的表象，誰的情況一定不妙。」

不論是在武術、圍棋、象棋，或是人生中的各種競賽，都必須懂得未雨綢繆，推演對手可能使出的招數。

千萬不要被眼前的表象迷惑，否則結局就會像以下故事中的曹爽一樣，連翻身的機會都沒有。

做人厚道，做事厚黑

曹丕死後，魏明帝即位，大將曹爽把持朝政，行事專制獨斷，司馬懿暗中計劃要將這個眼中釘除掉，但又擔心事情洩漏反遭殺害，於是便假裝自己舊病復發，情況非常嚴重，試圖瓦解曹爽的戒心。

由於司馬懿先前曾經裝病蒙騙曹操，曹爽懷疑司馬懿又故技重施，企圖裝病欺騙自己，於是便派李勝前去觀察一番。

李勝到司馬家拜會的時候，司馬懿故意讓兩個婢女在跟前侍候自己，當婢女拿起外衣要讓他穿上時，他卻裝出一副癡呆的模樣，用手指著嘴巴，直嚷著自己口渴。

婢女於是端來一碗米粥餵他，司馬懿吃著吃著，米粥竟從嘴巴兩邊一直流到胸襟上。

李勝見狀，輕蔑地說道：「外面盛傳仲達公的舊病復發，想不到竟然嚴重到

如此程度。我要前去荊州赴任，特地前來辭別。」

司馬懿巍巍顫顫地舉手示意，故意把荊州說成并州，並口齒含糊地說：「你要前去并州赴任啊，并州接近胡人，你自己可要當心一點，我的生命危在旦夕，恐怕有生之年不能再相見了。我的兩個兒子司馬師和司馬昭，以後還請你多多關照。」

李勝不悅地說：「我去任職的地方是荊州，不是并州。」

司馬懿聽了，故意露出不好意思的表情說：「唉，我年紀大了，耳聾氣虛，聽不清你說的話了。」

經過一番觀察，李勝回去後對曹爽說：「司馬仲達形神已離，只是比死人多了口氣，不足為慮。」

生性高傲的曹爽聽了這番話，便放心地將目標轉移到其他人身上，不再防備司馬懿。然而，不久之後，司馬懿突然率領部眾發動襲擊，殺得曹爽措手不及，被砍下首級。

你必須具備的應對智慧

法國思想家拉布呂耶爾曾經寫道：「如果一個人在別人眼裡，不顯得過於聰明，他就已經相當狡滑了。」

的確，沒有比外表老實、內心奸詐的人更危險，因為，這些人專門扮豬吃老虎，所作所為都是為了瓦解對方的心防，然後一舉將對方擊潰。

司馬懿可說是這類人物的典型，連曹操這樣的厚黑專家都被他耍得團團轉，曹爽死得一點也不冤枉。

凡是面臨到輸贏的關鍵，更應該步步為營，千萬不要急著想要快速贏得勝利，而必須以冷靜審慎的態度堅持到底，有時不妨像司馬懿一樣，故意表現出笨拙的模樣，使對方疏於防範，然後再一舉將他打敗。

即使自己的實力比對方高出許多，也必須步步為營，不要一直露出勝券在握的高傲模樣，否則將會激起對方的頑強抵抗，使自己花費更多不必要力氣，這就是贏得勝利的秘訣。

我行我素，是成功的要素

加拿大作家班廷說：「人生最大的快樂是，不在於別人認為你是什麼，而是你認為自己是什麼。」

「批評」，其實往往是空洞、抽象而不牢靠的，它就像震耳的雷電，只是短短一閃，也像眩目的煙火，炸開之後隨即消逝；更重要的是，批評會見風轉舵，隨著你的成就而改變。

因此，你必須設法讓批評來適應自己，而不是委屈自己去適應批評；如果你被批評的羅網困住而終日悶悶不樂，如何能出人頭地呢？又如何能做出一番大事業呢？

做人厚道，做事厚黑

日本著名的商人大倉喜八郎，早年是個遠近馳名的大奸商，趁著明治維新那段混亂時期，販賣軍火而賺了不少錢。

在中日甲午戰爭以及日俄戰爭爆發之時，大倉喜八郎承包日本政府的軍用物資生意，從中牟得相當龐大的利潤，但是，當時他所經手的生意卻幾乎毫無信用可言。

尤其在日俄戰爭時，他所販售的牛肉罐頭，裡面竟然摻加許多沙子，至於軍鞋的鞋底，更是隨隨便便使用膠水黏合而成，鞋子一碰到水，鞋底就會立刻脫落，使得士兵們苦不堪言，破口大罵。

但是，大倉喜八郎對這些批評充耳不聞，獲得龐大的政經勢力奧援，奠立穩固的基礎之後，就投注大量金錢於文化事業和社會公益事業上，以致於一般人對他的惡劣觀感逐漸好轉。

加拿大作家班廷說：「人生最大的快樂是，不在於別人認為你是什麼，而是你認為自己是什麼。」

你必須具備的應對智慧

不要太過憂慮別人的批評和看法，只要朝著自認為最好、最正確的目標向前邁進就行了；能夠達到這種「擇善固執，我行我素」的境地，人生的遠景才會更加開闊。

不論遭遇任何不愉快的事，都儘管抱著輕鬆的態度。

我行我素才是成功的要素，想要過著輕鬆自在的生活，最重要的原則就是，根本不要理會別人的看法和批評，將全部的精神集中在自己的目標，如此一來，你的人生才會更加充實美滿。

小心，有人要借你的人頭

一味唯唯諾諾依照別人指令行事的人，表面看起來似乎很安全，但事實卻不然，有時連自己的人頭被借了都還不自知。

建立蘇聯政權的革命家列寧曾說：「我們不相信有永恆不變的道德，並且要揭穿一切有關道德的騙人的鬼話。」

人的心理和行動，就像是一座冰山，我們所看到露出水面的一小部分，是由水底的一大部分支撐著。

我們很難洞察別人的心裡究竟打著什麼如意算盤，因此，當別人提供某些建議的時候必須深思熟慮，才決定採納與否。

做人厚道，做事厚黑

曹操率領十七萬大軍攻打李豐，每日耗費糧食浩大，曹操想要速戰速決，無奈李豐卻緊閉城門，任憑曹軍如何叫罵，就是不出城應戰。曹操不得已，只得寫信向孫策商借糧米十萬斛應急。

曹軍包圍李豐一個多月後，眼看糧食將要用完，孫策的十萬斛借糧又在途中尚未運到，管理糧倉的倉官王垕急急忙忙前往稟報曹操說：「如今兵多糧少，應當怎麼辦？」

曹操沉吟了一下，回答說：「當今之計，也只有用小斛分發軍糧，暫時應付燃眉之急吧！」

王垕憂慮地說：「萬一兵士們埋怨起來，應該如何是好？」

曹操笑著說：「沒關係，照我的吩咐去做，到時候我自有對策。」

隨即，王垕便依照曹操的命令，以小斛分發軍糧。

不久之後，曹操暗中派人到各軍營去打聽風聲，得知士兵們怨聲載道，交相指責丞相欺騙大家。

曹操於是密召王垕前來營帳，對他說：「事到如今，我想借你身上的一樣東西來平息眾怒，你可不要吝惜才好。」

王垕狐疑地問道：「丞相想借什麼東西呢？」

曹操笑嘻嘻地說：「我想借你的人頭！」

王垕聽了大驚失色，連忙哀求說：「丞相，我一切都是照你的交代去做，並沒有犯錯啊！」

曹操歎口氣說：「唉，我也知道你沒罪，但是，如果我不殺掉你，軍心就難以穩定。你死了之後，你的妻子兒女我會安善代為照顧，你就不必擔心掛慮了，安心上路吧！」

王垕還想再申辯，曹操卻已翻臉不認人，轉身傳喚刀斧手：「把王垕推出帳外一刀斬了！」

然後，曹操把王垕的人頭懸掛在高竿上面，並貼出告示說：「王垕故意用小

斜分發糧米，從中盜竊官糧，按照軍法斬首示眾。」

眾士兵見狀，都認為糧米的問題原來是王垕搞的鬼，丞相當機立斷將他斬首，終於解決了曹操的缺糧危機。

你必須具備的應對智慧

人性作家奧斯圖達拉曾說：「人的本性就是狡猾、虛偽和言行不一。」

我們不難發現，所謂的成功人士，通常不只有能力、肯努力，面對讓自己難堪的處境，也能厚著臉皮保持鎮靜。到了緊要關頭，他們也會找人頭當墊背，不惜犧牲部屬照亮自己的前途。

懂得耍奸弄詐的曹操，無疑就是箇中高手。

其實，曹操為了應付缺糧問題，一開始就打定主意要讓王垕成為代罪羔羊，所以才故意教他用小斛分發糧米激起眾怨，然後再陰險地借用他的人頭來平息眾

怒。像曹操這種狡詐的人，處理事情之前，早就將後續發展推演得非常周密，但
是，王垕無法了解到他隱藏在內心的真正用意，所以，才會淪為曹操排除眾怒的
犧牲品。

這個「借人頭」的典故告誡我們，一味唯唯諾諾依照別人指令行事的人，表
面看起來似乎很安全，不用多費腦筋，但事實卻不然，有時連自己的人頭被借了
都還不自知。

因此，人絕對不要一味唯唯諾諾聽從別人的意見，必須建立自己的行事準則
和價值判斷，自己掌控局面，如此才能自由自在地發揮自己的個性，也才能為自
己開創一條康莊大道。

你敢不敢犧牲自己最寶貴的東西？

人處於弱勢的時候，為了達成某種慾望，往往會百般忍耐，並且在忍耐的過程中不惜犧牲自己的一些利益。

日本圍棋界名人阪田榮男說：「下棋時，因為急著要贏，結果反而輸了的情況相當多。」

不僅圍棋如此，商場競爭和其他比賽都是如此，倘使急著要以快速的方法來打敗別人，有時候自己會不小心露出破綻，反而很難獲得勝利。

在激烈而險惡的人生競賽中，我們應該明確知道自己想要的是什麼，然後，儘量保持沉穩冷靜，縱使必須犧牲一些眼前的利益，也必須斷然割捨。如果你一直表現得氣定神閒，對手就會開始感到迷惑，甚至心慌意亂，讓你有機可趁，這

個機會或許就是扭轉大局、反敗為勝的關鍵。

通往成功的道路並不是沒有捷徑存在，只是這個捷徑往往會讓你付出若干代價，就看你付不付得起，願不願意付！

不勇於割捨，當然難有所得，這無疑是人生最沉痛的抉擇。如果你覺得很難取捨，不妨瞧瞧武則天的手段。

做人厚道，做事厚黑

武則天十四歲的時候，由唐太宗遴選入宮中，冊封為才人。唐太宗死後，她被迫削髮為尼，後來，唐高宗偶然在寺中見到了她，被她的美貌吸引，於是又設法讓她還俗，召入宮中封為昭儀。

武則天進宮之後，深受唐高宗寵幸，不久生下一個女嬰。但是，她知道自己想要攀上權力的頂峰，必須先剷除橫阻在眼前的最大障礙，那就是唐高宗的元配王皇后。

她為了滿足本身的權力慾望，一方面百般諂媚唐高宗，一方面又曲意奉承王皇后，但私底下卻處心積慮地想扳倒王皇后，收買宮女太監暗中監控王皇后的一舉一動。

等到時機成熟後，武則天更設計出一條毒計誣陷王皇后。

唐高宗和王皇后都很喜歡武則天所生的小女嬰，常常前來探望。

有一天，武則天得知王皇后又要來看孩子，為了製造不在場證明，便藉故外出，王皇后獨自一人逗弄孩子一會兒就擺駕離開了。誰知皇后前腳一走，武則天馬上偷偷溜回寢宮，狠心地將自己的親生女兒掐死，然後再用被子蓋上，佈置成孩子正在睡覺的模樣。

隨後，武則天刻意裝出一副嫵媚的樣子邀唐高宗前來探視女嬰。當她掀起被子，立即裝模作樣地失聲尖叫，嚎啕痛哭起來。

唐高宗趨前一看，襁褓中的小公主臉色泛青，手腳已經冰涼，不禁勃然大怒，把太監、宮女統統叫來，詢問剛才有誰來過武昭儀的寢宮。大家一口咬定只有皇后來看過孩子，武則天趁機擺出悲痛欲絕的模樣，哭哭啼啼地把平時蒐集到的皇

后不當言行，加油添醋地在唐高宗面前泣訴。

唐高宗聽了更加震怒，連忙叫宮女去傳皇后前來。

王皇后到了之後，見到女嬰死狀悽慘，心中又驚又怕，卻又百口難辯。唐高宗盛怒之下，下令廢了王皇后，立武則天爲后，從此，武則天達到了她獨攬權的政治陰謀。

你必須具備的應對智慧

莎士比亞在《奧賽羅》中寫道：「要是你表面的行為會洩露你內心的活動，那麼，不久你就得掏出心來，讓烏鴉們亂啄。」

歷史上層出不窮的苦肉計之所以能輕易奏效，是因爲它往往違反人們根深柢固的觀念或價值判斷，受騙上當的人萬萬料想不到，竟然會有人爲了達到某種目的，不惜戕害自己或最親愛的人。

譬如，武則天爲了本身的權力慾望，不就利用人們「虎毒不食子」的觀念，

掐死了自己的親生女兒，然後把罪名栽在王皇后身上，奪下了皇后寶位？誰料想得到她竟然會這麼心狠手辣呢？

又譬如，開創德川幕府的日本戰國英雄德川家康，為了取得織田信長的信賴，竟不惜殺害自己的妻子，誰料想得到他會這麼絕情絕義呢？

其實，人處於弱勢的時候，為了達成某種慾望或獲得更龐大的利益，往往會百般忍耐，並且在隱忍的過程中不惜犧牲自己的一些利益，只是不像武則天和德川家康做得這麼狠毒、絕情罷了。

只要不貪功躁進，不被看破手腳，苦肉計最後通常都能成功。

不要當搞不清楚狀況的菜鳥

希臘哲聖蘇格拉底曾說：「一個人能否有所成就，只看他是否具備自尊心與自信心這兩個條件。」

法國文豪雨果在《悲慘世界》曾經有感而發地寫道：「有許多人踏在堅實的地面上，卻還兩腳發抖，如果自己的心是平靜的，目的是正當的，即使走在搖撼不定的土地上，也應當是步伐堅定的。」

確實如此，人生最重要的事是讓自己的心境平靜。

如果我們積極鍛鍊自己的心智，時時保持冷靜而沉穩的態度面對棘手的事情與難纏的人物，就能快速洞悉隱藏在表象之下的真實面貌。

明瞭對手與事情的本質之後，當我們進行交涉或談判的時候，就不會因為對

方故意施展的伎倆而受騙上當，也不會因為對方的無禮舉動而被激怒，失去冷靜客觀的判斷能力。

做人厚道，做事厚黑

美國石油大王洛克斐勒的兒子小洛克斐勒，剛剛踏入商場的時候，就展現出他不同凡響的商業才華。

當時，他的第一樁任務是，前去與銀行家摩根商談出售某座油田事宜。

當他踏入摩根的辦公室，摩根露出一副鄙夷的神情，認為他只不過是毫無商場經驗的菜鳥，故意表現出自己很忙碌的樣子，連正眼都不瞧他一眼，足足讓他枯坐了一個小時。

小洛克斐勒知道這是摩根慣用的殺價伎倆，絲毫不以為意地悠閒坐著。

一個小時後，摩根終於抬起頭面向他，高傲地說：「聽說，你父親有一塊油田準備出售，打算賣多少？」

小洛克斐勒微微一笑，回答說：「我想，大概是您弄錯了，就我所知，是您

想買這塊土地，而不是我們想賣出。」

說完，小洛克斐勒不再多說廢話，逕自推門走了出去。

摩根知道這招唬不過小洛克斐勒，最後終於依照小洛克斐勒開出的價碼，買

下這塊油田，價格比老洛克斐勒預估的多出了三分之一。

你必須具備的應對智慧

希臘哲聖蘇格拉底曾說：「一個人能否有所成就，只看他是否具備自尊心與

自信心這兩個條件。」

小洛克斐勒面對老狐狸摩根所展現的以靜制動，是一種高段的勝利策略，因

為日常生活中，我們不可能事事爭第一，處處佔上風，因此，更多的時候，我們

要面帶善意靜候對方出招，才能從容地見招拆招，千萬不要稍有不順就心浮氣躁，

自亂陣腳。

一味地板著臉孔，費盡心思去提防周遭的小人，只會把自己搞得緊張兮兮，徒然折損自己的生命。

如果，我們無可避免地必須面對身邊的小人，那麼，細心地去洞察對方的真實意圖，然後把主控權操在自己手中，豈不是更好嗎？

學學小洛克斐勒的智慧吧！硬碰硬的應對方式，表面上看來，是爲自己出了一口怨氣，但實際上，卻容易讓自己陷入小人精心設計的迷宮中，以致於無法冷靜面對事情的演變。

即使虛情假意，也要做得徹底

凡事只要看開了，做事的態度自然會變得從容而冷靜，膽量會變大，臉皮會變厚，搞不好虛情假意的事情也做得出來。

我們常聽到有人說：「因為我很容易臉紅，所以怕到人多的地方去。」

因為容易害羞臉紅而煩惱不已的人，其實以青春期的年輕男女居多，人一旦到了老年，閱歷豐富了，就很少會因難為情而大傷腦筋！

為什麼呢？這是因為大部分的老年人，臉皮經過幾十年的磨練，已經變得厚如城牆，根本不會擔心自己出糗或是做錯事情被人責備。在他們眼中，這些根本沒有什麼大不了的，因此絕不會感到難為情。

做人厚道，做事厚黑

戰國時期著名的軍事家吳起，以愛惜士卒、肯與士卒共患難聞名。

有一次，魏文侯命令吳起統率大軍討伐秦國，吳起與士兵一起背著糧袋徒步而行，將戰馬讓給身體疲弱的士卒騎。吃飯的時候，吳起與士兵們圍坐在一起，大碗喝湯、大碗吃飯，有說有笑；睡覺的時候，吳起也與士兵們睡在一起，絲毫沒有大將軍的架子。

有一名士兵背上腫脹，生了一個斗大的毒瘡，吳起知道後，就親自用嘴將這名士兵毒瘡中的濃汁吸出來，士兵的病情終於好轉。

誰知，這名士兵的母親聞訊後，竟然放聲大哭。

鄰居大惑不解，問她說：「吳將軍為妳兒子吸出毒汁，治好了膿瘡，妳應該高興才對，為什麼卻痛哭失聲呢？」

這位母親回答道：「你們有所不知啊，這件事讓我想起了我的丈夫。我丈夫

以前在吳將軍手下當兵，曾經長了背疽，也是吳將軍為他吸出毒汁治好病的。我丈夫感激吳將軍之餘，打起仗來總是奮不顧身，最後戰死在沙場。我兒子一定也會對吳將軍心存感恩，恐怕性命也不會長久了。」

說完，士兵的母親又大哭了起來。

吳起率領魏軍和秦軍交戰後，連戰連勝、所向無敵，秦軍一退再退，接連被吳起攻佔了五座城池。這個背上長毒瘡的士兵，最後也如同他母親所料，因為奮勇殺敵而步上他父親的後塵，戰死沙場。

你必須具備的應對智慧

莎士比亞說：「任何惡德的外表，也都附有若干美德的標誌。」

吳起這老兄可說是戰國時代數一數二的厚黑名人，由於擔心白白浪費時間，延誤自己出人頭地的契機，他勇於抗拒儒家的繁文縟節，寧可被逐出儒門，也不願為母親守孝三年。後來，有人更指稱他為了當上魯國的上將軍，而不惜殺害自

己的妻子。

投效魏文侯獲得重用後，吳起平時表現出一副愛惜士卒的模樣，使得士卒甘願為他拼死作戰，真可謂「一將功成萬骨枯」。

他連替士兵吸膿瘡這種事都視同家常便飯，臉皮猶如犀牛皮一般厚硬，厚黑功力已經到了顛撲不破的境界，難怪會有人要替他賣命，用屍骨替他鋪設通往成功之路。

經常在大庭廣眾面前害羞、扭捏而感到苦惱的人，最好能學習老年人的豁達，凡事只要看開了，做事的態度自然會變得從容而冷靜，不知不覺中膽量會變大，臉皮會變厚，就不再有臉紅的毛病了，搞不好連吳起這樣虛情假意的事情也做得出來。

一塊錢也比空頭支票值錢

割捨也是一種分享，失去少許的快樂，卻讓別人得到更多的快樂，用分享的心情去割捨，也許就不會那麼的斤斤計較了。

常常聽到有人說：「如果中了樂透，我分你一百萬……」，聽來義氣干雲、豪氣萬丈，真不愧是好朋友、好兄弟啊！

只是，中樂透的機會太小，如果真的友誼萬歲，要你把現有的財產拿出一百萬資助朋友，你願意嗎？

做人厚道，做事厚黑

在一個聖誕夜裡，阿金跟著朋友到教堂做禮拜，聽了牧師的佈道後深受感動，迷上了教堂裡溫馨的氣氛，於是找到牧師，希望可以皈依基督教。

牧師怕他只是一時興起，於是設計了幾個問題來考驗他的誠意，牧師問：「如果你有兩台法拉利，你願意把其中的一台奉獻給上帝嗎？」

阿金誠心地回答說：「我願意。」

牧師接著又問他說：「如果你有兩棟別墅的話，你願不願意將其中的一棟奉獻給上帝呢？」

阿金再一次誠懇地說：「我願意。」

牧師又繼續問：「如果你有兩個女朋友，你願意把兩個之中比較漂亮的一個奉獻給上帝嗎？」

阿金想也沒想，便堅定地回答：「我願意。」

牧師嘉許地點了點頭，問了最後一個簡單的問題：「如果你有兩雙皮鞋，你願意把其中一雙奉獻給上帝嗎？」

阿金猶豫了一下，回答道：「不願意。」

牧師非常驚訝：「法拉利、別墅、女朋友，你都願意奉獻給上帝了，為什麼區區一雙皮鞋，你卻不願意奉獻呢？」

阿金回答說：「因為我既沒有兩台法拉利，也沒有兩棟別墅，更沒有半個女朋友，但是我卻有兩雙皮鞋。」

你必須具備的應對智慧

這個笑話說明了，對於自己所沒有的東西，人們都可以慷慨大方地許給別人，反正開出去的是空頭支票，痛也不在我身上。但是，對於自己所擁有的東西，就算是一塊錢，大多數人也都會猶豫不決、考慮再三。

因為，一塊錢也是錢啊！而且還是「我的」錢！

割捨，從來都不是一件容易的事，得到的尚且不夠，更何況要從自己身上掏出什麼來。然而，割捨也是一種分享，失去少許的快樂，卻讓別人得到更多的快樂，用分享的心情去割捨，也許就不會那麼斤斤計較了。

自大傲慢，看起來只會像個傻蛋

看得見他人缺點的人，未必能看見自己的不足。而看不見自己不足的人，其實是最不幸的。

有句話是這樣說的：「當你把食指指向他人的時候，別忘了還有三隻手指指著自己。」

自大傲慢只會讓自己像傻蛋，仔細想想，假設別人要求我們的事，對方自己卻做不到，那麼我們一定也會覺得心有不甘、有所不服的吧。

做人厚道，做事厚黑

故事發生在某校動物系期末考試會場。

老教授提著一個用黑布罩著的鳥籠，只露出兩條鳥腿。原來，考試題目是：

試由觀察到的鳥腿，寫下鳥的種類。

某學生心裡感到十分不滿，因為自己為了考試已經辛苦準備數週，結果教授卻出這種怪招，先前的準備一點都派不上用場。

一氣之下，學生拍桌而起，提前交了白卷，連姓名學號都懶得寫！

教授看了他的試卷非常生氣，當著全班的面要學生留下姓名來。

只見學生什麼都沒說，只是拉起自己的褲管，露出一雙毛毛腿，氣沖沖地對

老教授說：「你猜我是誰！」

你必須具備的應對智慧

不容易的事。

只要是人，難免都有盲點，尤其是要做到嚴格的審視自己、要求自己，更是

許多人勤於指責他人，卻不懂得以相同的標準要求自己，恰好就是拿著食指指向別人，卻忘了還有三根手指指著自己的人。

看得見他人缺點的人，未必能看見自己的不足。看不見自己不足的人，其實是最不幸的。

因為對自己的缺點一無所覺，所以往往自滿，卻不知道在旁人眼中，自己已經成了只會說、不會做的傲慢自大狂。

清代文士張潮曾說：「律己，宜帶秋風；處世，宜帶春風。」

我們雖然未必能做到樣樣完美，但還是必須時常自省、自律，並提醒自己以虛心的態度謙和待人，這樣才是待人處世的最佳方式。

7.

口是心非，
有什麼不對？

人生本來就充滿了矛盾與不可預知，
況且每個人都有自私的劣根性，
也會面臨一些自己無能為力的境遇，
表裡不一自然在所難免！

你聞得出成功的契機嗎？

人在衡量利弊得失的時候，通常會受到本身價值觀念的影響，經過一番思慮後才做出決定。

美國名作家歐・亨利曾經在著作中寫道：「人生是由嗚咽、嗅聞和微笑構成的，而在三者之中，嗅聞站在支配的立場。」

這是因為，唯有嗅聞出成功的契機，人才能決定自己人生要走向何處，面對利害得失之時應該如何取捨。

一個人如果缺乏嗅聞出成功氣味的能力，那麼，他的人生注定是嗚咽居多，而微笑甚少。

做人厚道，做事厚黑

某一天，丹麥首都哥本哈根市區發生了一場交通事故，一輛高級轎車煞車不及，撞倒一個闖紅燈穿越馬路的行人，由於衝撞的力道太大，行人的右腿硬生生被撞斷了。

肇事者是哥本哈根當地一家知名啤酒廠的老闆，而被撞斷腿的則是一個遠道而來的日本觀光客。

這個日本觀光客被緊急送進醫院手術，事後，啤酒廠的老闆基於道義前去探望，愧疚地說：「很對不起，你遠從日本前來觀光，沒想到竟發生這樣令人遺憾的意外。」

隨後，啤酒廠的老闆詢問了這個日本人的家庭、經濟狀況，得知他單身一人，而且不久前才辭去工作，到丹麥來旅遊散心。

「這該如何是好呢？以後你怎麼生活？」

這位日本人說：「都是我自己不對，能怪誰呢？不如這樣吧，等我可以走動後，讓我到你的啤酒廠當守衛，混口飯吃，好嗎？」

啤酒廠的老闆見這位日本人生性開朗，並不要賴要求賠償，心中自然相當高興，趕緊對他說道：「好的，那你就安心養傷吧，等你傷勢好了，就到啤酒廠來上班。」

過了不久，這個日本人傷勢痊癒，就到這家啤酒廠當守衛。

這個日本人言行得體，待人非常謙恭有禮，而且工作之時非常認真負責，對進出廠的貨物檢查十分仔細，深獲啤酒廠高級幹部信任，於是，大家經常到守衛室找他閒聊。

三年後，這個日本人存了一些錢，便藉口要返回日本定居，啤酒廠的員工挽留之餘，並未懷疑他的說詞。

後來，這家啤酒廠才知道，這個日本人竟然是一個商人，喬裝成觀光客前來丹麥，是覬覦當時享譽世界的這家啤酒廠的釀造技術。

由於這家啤酒廠保密程度很高，從不允許外人參觀，這個日本商人在啤酒廠

周圍轉了三天，就是不得其門而入。

後來，他看到每天早晚都有一部黑色轎車進出，打聽之下，知道是這家啤酒廠的老闆座車。於是，他就趁老闆開車出來時，處心積慮地製造了那起交通事故，藉機混進啤酒廠當守衛。

三年來，他利用工作之便，想盡一切辦法，終於竊取了這家啤酒廠的配方和技術。他犧牲了一條腿，換得了一流的啤酒釀造方法，成功地開設了一座規模龐大的啤酒廠。

你必須具備的應對智慧

許多深諳人性的思想家都告訴我們，不能憑表面印象去判斷一個人，因為在陽光照射得到的地方，奸猾的小人會表現出一副不貪不取的模樣，而在黑暗的角落，他們就會露出貪得無饜的嘴臉。

但是，從另一個角度來說，奸猾未必不是智慧，貪得無饜也只是慾望的真實

呈現，只要不犯法，其實都無可厚非。

看完這個故事，也許你會覺得，這個日本商人未免太奸詐、行事太極端了，想要成功何必非得去撞車不可呢？

其實，人在衡量利弊得失的時候，通常會受到本身價值觀念的影響，經過一番思慮後才做出決定，也許你無法認同這個日本商人的行徑，卻不得不佩服他跑去撞車子的勇氣，畢竟用這種方式獲得自己想要的東西，不是一般人做得出來的。

重點在於嗅覺，故事中的日本人就是因為嗅聞出成功的契機，清楚地知道自己要的是什麼，所以才會不擇手段，勇於「壯士斷腿」，寧願犧牲一條腿換取釀造啤酒的技術。

口是心非，有什麼不對？

人生本來就充滿了矛盾與不可預知，況且每個人都有自私的劣根性，也會面臨一些自己無能為力的境遇，表裡不一自然在所難免！

法國文豪雨果在《笑面人》裡寫道：「打破一切成規，蔑視一切守則，敢做敢為敢破壞，這就是真正的生活。」

人生最大的困擾就是，為了工作需要或社交活動，我們經常得和自己不喜歡的人打交道，並且為了不得罪對方而言不由衷，甚至口是心非，事後又感覺自己太過虛偽。

其實，口是心非並沒什麼大不了的，因為，絕大多數時候，我們並不是存心欺騙別人，也不是打從心裡就喜歡藉由討好別人來達成自己的目的。只不過是為

了減少一些不必要的麻煩或爭執，或者是比較快速達成洽涉，才會讓自己的嘴巴說出那些不是發自內心的話語。

此外，對於某些惡劣的小人，口是心非也是一種保護自己或解決問題的方式，如果我們的「修為」達到下列故事主角王敬則的程度，說不定我們也會採取這樣的模式徹底剷除那些惹人厭煩的惡人呢！

做人厚道，做事厚黑

南齊名臣王敬則擔任南沙縣令時，縣內有一群盜匪趁著時局動盪混亂，聚嘯於山林之中，時常下山燒殺掠劫，致使當地百姓恐慌不已。王敬則屢次派兵前去圍捕，無奈盜賊行蹤飄忽，圍捕行動徒勞無功。

王敬則心想，這幫盜賊如此狡猾，如不使用權謀詐術，恐怕難以將他們繩之於法。為了徹底剿滅這群盜匪，他便派人拿著親筆信函，深入山中對盜賊首領進行招降。

王敬則在信中非常誠懇地表示：「如果你們願意下山自首，我定當從中說項，可以赦免你們的罪行。如果你們不相信，我可以先到廟神面前詛咒發誓，絕不食言。」

當時，南沙縣內有一座廟非常靈驗，百姓都相當信服畏懼，盜賊首領派人下山打聽，得知王敬則果真到廟神面前詛咒發誓，認為他很有招撫的誠意，便答應帶領手下一起到廟裡接受招撫。

王敬則隨即在廟中設宴，準備「款待」這群盜賊。

豈知，這群盜賊到來以後，王敬則二話不說，立即下令將他們全部拘捕，準備斬首示眾。

盜賊首領很氣憤地對王敬則咆哮說：「你不是在廟神面前詛咒發誓了，怎敢出爾反爾？」

王敬則笑了笑，氣定神閒地回答說：「沒錯，我的確在廟神面前詛咒發誓過，不過，當時我也告訴廟神，萬一我不得已必須違背誓約的話，就奉上十隻牛向廟神謝罪。」

王敬則說完，馬上派人宰殺十隻牛祭祝廟神，然後將這群盜匪斬首示眾，從此，南沙縣再也沒有盜匪出沒。

你必須具備的應對智慧

美國作家愛默生說：「不必告訴我你讀過什麼書，從你的言談我就可以察知。不必告訴我你同哪些人交往，從你的舉止，我就可以看出。」

口是心非，是人最重要的特點之一，尤其是政客，經常會發生言行舉止與自己的口號、訴求全然不同的狀況！

有些人發現別人言行並不一致時，心中就會認為這些人過於污穢卑劣而心生憤慨。其實，這大可不必，因為，人生本來就充滿了矛盾與不可預知，況且每個人都有自私的劣根性，也會面臨一些自己無能為力的境遇，表裡不一自然在所難免！

年輕人，尤其是一些充滿道德、理想的年輕人，每每看到這種醜惡或矛盾的

事，就會覺得無法接受，這又是何苦呢？與其憎惡這些人虛偽的一面，倒不如理解他們的醜惡，生活還會過得較好些。

故事中的王敬則看似口是心非、心狠手辣，但是用這種手段對付狡詐的匪徒，未嘗不是以詐止詐的好方法。這也說明了，許多言不由衷或輕諾寡信都有不得已的理由。「你有壓力，我也有壓力」，既然每個人都有壓力，那又何必把世態看得太嚴重？

對於別人和自己的矛盾不要太過介意，一個人要活在世界上，就必須以這種態度來面對，同時也不要為了言行一致這句話而自我束縛，想做什麼就大膽去做吧！

放鬆心情才能戰勝恐懼

美國心理學家詹姆斯說：「往往我們對一件不確定的結果所抱持的信念，才是唯一能使這個結果實現的因素。」

法國大文豪，諾貝爾文學獎得主福樓拜在談論人生時曾經這麼說過：「堅強，求助於你的意志力，而不要求助於天神。因為，天神從來不理會人們的求救呼聲。」

人本來應該很單純地活在這個世上，為自己和喜歡的人喜悅地活著，然而，事實上，我們卻經常必須為別人的慾望和野心所造成的禍害而活得膽戰心驚，這實在是太無奈了。

面對艱難險惡的處境，或是走到使人猶豫而難以抉擇的岔路，我們應該保持

社會中，過著最充實的生活。

冷靜鎮定，盡一切力量去克服。只有秉持這種積極的應對態度，才能在不完美的

做人厚道，做事厚黑

晉朝名書法家王羲之年輕的時候，頗受大將軍王敦寵愛，經常邀他到軍營中

飲酒聊天，天色太晚就讓他在營帳中睡覺。

有一天清晨，王敦起得很早，不一會兒，一個名叫錢風的人鬼鬼祟祟前來求

見，二人摒去左右，秘密商議叛逆之事，一時之間把王羲之正在營帳中睡覺的事

忘記了。

王羲之睡醒後，無意中聽到他們正在談論謀反叛變的事，知道自己大難臨頭，

如不佯裝爛醉如泥恐怕無法活命，於是便剔喉嘔吐，把自己的頭面、被褥全都弄得

髒兮兮，然後又倒頭假裝熟睡。

王敦和錢風談著談著，突然想起王羲之正在營帳中睡覺，兩人都吃驚地說：

「為了避免風聲走漏，不得不殺了他。」

他們兩人揭開床帳一看，只見王羲之吐得一塌糊塗，認為他爛醉熟睡，沒聽見造反的事，便打消殺他滅口的念頭，王羲之因此免於一死。

你必須具備的應對智慧

美國心理學家詹姆斯說：「往往我們對一件不確定的結果所抱持的信念，才是唯一能使這個結果實現的因素。」

當你像王羲之一樣，無意中聽到了不該聽的事，面臨殺身之禍時，能不能急中生智，逃過難關？

其實，每個人都有急中生智的潛能，只是往往被緊張、恐懼……等等負面情緒束縛住，以致無法脫險。

凡事不可過於緊張，在堅持自己的信念之時，儘量將心情放鬆，唯有如此，才能充分發揮個人的潛能。

從事任何工作，只要將穩定自己情緒的習慣慢慢培養出來，自然能夠以平常心去克服各種障礙！

話雖如此，但實際上要以平常心面對危險卻並非易事。

因為，當人們面臨某些危險的事情時，心中難免會膽怯，同時會由於不安和恐懼而使得身體、唇齒不住顫抖。

這是缺乏自信的必然現象，必須反覆不斷地訓練自己，讓自己產生自信，才能輕鬆戰勝畏懼。

何必為了缺點而感到自卑

真正的強者勇於承認自己的弱點，做足了心理建設，其他人無法由這些地方打擊他，因為他根本不怕別人的攻擊。

美國激勵作家麥斯威爾・馬爾茲曾經說過：「一個人最終拋棄了虛偽與矯飾，主動表現出本來面目時，他所得到的輕鬆與滿足是不可比擬的。」

這是因為，虛偽與矯飾讓人終日患得患失，只有勇敢面對自己的缺點，才能在人前人後都活得輕鬆自在。

做人厚道，做事厚黑

晏子是春秋時代齊國著名的宰相，雖然身材矮小，但是才高八斗、頭腦靈光，並且以機智聞名於世。

一次，晏子奉命出使楚國，楚靈王一向看不起齊國，於是晏子矮小的身材正好成為他取笑的題材。

楚靈王一見到晏子，便毫不客氣地說：「難道齊國都沒有人才了嗎？怎麼派一個侏儒來這裡呢？難道不怕丟人現眼嗎？」

晏子早已料到楚靈王居心叵測，故意借題發揮，於是不動聲色、不慍不怒地回答道：「我們齊國可說人才濟濟，隨便一個路人甲都是個不可多得的人才。只是，我們齊國的規矩甚嚴，強調對等關係，規定賢明的人出使賢明的國家，不才的人就出使不才的國家，我晏子身材矮小，又沒什麼長處，所以就被派來出使楚國了。」

楚靈王損人不成，被晏子反將了一軍，心裡自然火冒三丈。正巧此時外面的士兵剛好押了一個囚犯經過大殿，楚靈王逮到了機會，故意大聲地問：「這名囚犯到底犯了什麼罪？」

士兵回答：「偷竊罪。」

「囚犯是哪裡人啊？」楚靈王明知故問。

「齊國人。」

楚靈王對這個答案非常滿意，露出洋洋得意的姿態，對著晏子挑釁地說：「齊國是窮到沒飯吃嗎？怎麼你們國家的人都喜歡做賊啊？」

晏子知道這場戲是楚靈王刻意安排的，目的無非是想令齊國蒙羞，依然不慌不忙地回答道：「聽說江南的橘子，一旦移植到江北就變成了枳子，橘子會長成枳子，是因為本身所處的環境不同，這麼簡單的道理，大王您一定明白。同樣的，齊國人在齊國奉公守法、安居樂業，一到了楚國就變成盜賊，這也是因為所處環境不同的緣故，和他來自什麼地方又有何關係？」

楚靈王自知理虧，對晏子臨危不亂的表現更是佩服得五體投地，於是立刻改以上賓之禮款待他。

你必須具備的應對智慧

人的一生難免會遇到各種負面批評以及打擊，唯有培養健全開朗的心理狀態，才能臉不紅氣不喘地從容應對。

晏子最令人佩服的地方，不只是他過人的機智，而在於他能敞開心胸，正視自己的缺點。

真正的強者是不會有死穴的，他勇於承認自己的弱點，做足了心理建設，其他人無法由這些地方打擊他，因為他根本不怕別人的攻擊。

因此，何必為自己的小鼻子、小眼睛而煩惱？更不必為自己的多一塊少一塊肉而感到自卑，誰沒有缺點？誰沒有過錯？

勇者無所懼，千軍萬馬都不怕了，又豈會被自己的小瑕疵所打敗？

找個方法宣洩你的情緒

情緒一被撩撥上來，如果沒有適當的方式，不僅很容易傷及他人，也會讓自己積累了更多的怨氣。

最常使用的方法。

遇到心情不好的時候，有人會打沙包，也有人會打小人偶，而大聲哭泣則是

你是怎麼發洩你的情緒的？相信你一定有自己的方法，只要不是直接面對人，

一股腦地把情緒倒在對方的身上就好。

做人厚道，做事厚黑

有一天，陸軍部長斯坦頓向林肯總統抱怨，有一個將軍很愛罵人，而且老愛說粗話。林肯聽完後，建議斯坦頓寫封比將軍更尖酸、粗鄙的信，還教他一定要「狠狠地罵他一頓」。

斯坦頓回去後，立刻寫了一封措辭相當刻薄、強烈的辱罵信，然後興沖沖地拿給總統看。

「對！對！」林肯看了，讚許地說：「就是要這樣，好好把罵他一頓，你寫得真好，斯坦頓。」

有了總統的讚許，斯坦頓感到非常得意，立刻摺好信，準備放進信封，但這時林肯卻攔住了他。

林肯問：「這封信你打算怎麼處理？」

斯坦頓訝異地說：「當然是寄出去啊！」

林肯大聲說：「等等，這封信不要寄出去，你把它丟進爐子裡吧！只要是生氣時寫的信，我都會這樣處理。相信當你痛快地寫著這封信時，心裡的怒氣也已經消了吧！現在感覺有沒有好多了呢？這時候，你不妨把它燒掉，另外再寫一封

你必須具備的應對智慧

吧！」

每個人都有情緒，也都會有必須發洩的怨氣，有時候並不是為了指責什麼人，通常只是為了「發洩」而已。

只是，情緒一被撩撥上來，如果沒有適當的方式，不僅很容易傷及他人，也會讓自己積累了更多的怨氣。

於是，你得找個不傷人又能平息心中怒氣的方法，像林肯的書寫方式，打沙包、打小人偶，或是用力地吶喊，只要將情緒渲洩出來，你又會有另一個新的開始。何必和那些尖酸刻薄的小人一般見識呢？

沉得住氣，才能掌握全局

不管做任何事情，操之過急只會讓自己吃虧。能夠沉得住氣，再三確認步驟與細節，事情才能做得既漂亮又有效率。

聰明的人都知道，聽人家把話說完不但是一種基本禮貌，對自己也是一種保障，因為我們永遠無法事先預知對方究竟想表達什麼意思，為了節省事後補救的功夫與時間，多花幾秒鐘把話好好聽完，可以說是最划算的「投資」了。

尤其，當我們從客戶或是上司那裡得到命令或吩咐的時候，更應該仔細把對方的意思弄清楚再開始行動。

做人厚道，做事厚黑

有個講話總是結結巴巴的人到商店買飲料，因為不確定自己錢帶得夠不夠，

於是打算問老闆。

結巴：「老老老老老老闆，一一一一瓶瓶瓶可樂⋯⋯」

急性子的老闆聽得十分難過，沒等他說完就幫他拿了一瓶可樂。

結巴又問：「多多多少錢？」

老闆耐著性子回答：「十八塊！」

結巴：「買買買買買買買⋯⋯」

老闆實在聽不下去了，等不及他講完，就幫他把瓶裝可樂打開。

結巴：「⋯⋯買買買不起⋯⋯不不不不要了。」

你必須具備的應對智慧

當急性子的老闆遇上結結巴巴的客人，沒耐性、急就章的後果，就是白白損

失了一瓶可樂。

做事不要太性急，英國哲學家法蘭西斯‧培根就曾經這麼說過：「過於求速，

是做事時最大的危險之一。」

為什麼沒有耐心的人特別容易做錯事呢？這是因為，他們做事總是不用心，

嫌了解細節太過麻煩，不肯多花一些時間做確認的工作，經常連狀況都沒弄清楚

就埋著頭往前衝。

這麼衝動的後果，往往是等到事情進行了一半才發現自己錯得離譜，但一切

卻都為時已晚了。補救的話，得要花上很大的精力，但不補救，成果又令人無法

接受，這種進退不得的狀況可以說是最糟糕的。

別忘了，不管做任何事情，操之過急只會讓自己吃虧。特別是在重要的關鍵

時候，一定要能沉得住氣，再三確認步驟與細節，才能掌握全局，把事情做得既

漂亮又有效率。

相信專家，小心變成輸家

別再盲目地聽信「專家」的意見了，否則你很容易變成輸家。唯有經過思考和判斷，才能真正的付出行動。

在這個迷信專家的年代，熟諳人性弱點的小人，往往會處心積慮地塑造自己，以「專家」形象出現在公眾面前，讓無法分辨真偽的人吃虧上當。

其實，即使最傑出的天才人物，在某些領域中仍舊是寸步難行、愚昧無知的，因此，不要盲目迷信專家的說法。一個人如果不曾仔細觀察，就不會有深刻的理解，自然也就不會有正確的行動。

做人厚道，做事厚黑

美國有位心理學家曾經做過一個實驗。開課前，他介紹一位化學家，說是要來和同學們一起研究一個新實驗，他說：「這位就是世界知名的化學家史密特先生，你們今天要配合他做一個試驗。」

於是，這位史密特先生用德語向學生講解，而由那位教師當翻譯。

史密特說，他正在研究某種新發現物質的性能，因為這種物質擴散得非常快，人們才聞到它的氣味，就立刻消散了，氣味並不持久。但是，一些較過敏的人，在聞到這種氣味後會有輕微的反應，諸如頭暈、噁心……等情況，不過這些症狀很快就會消失，並不會有任何副作用。

史密特說完後，便從皮包裡拿出一個密封的玻璃試管，他說：「現在，只要一打開試管，這種物質便會立即散發出來，你們很快就會聞到氣味了，一聞到氣味的人，請立即舉起手來。」

只見他打開了試管，不一會兒工夫，從第一排到最後一排的學生全都舉起手來，甚至還有人說有自己頭暈的現象。

當實驗結束後，沒想到老師卻對學生們說，所謂具有強烈刺激氣味的物質，

其實只不過是普通的蒸餾水而已，至於那位「史密特」先生，也只是該校的一位德語教師，根本不是什麼世界著名的化學家。

你必須具備的應對智慧

從這個實驗中，我們可以獲得一個訊息，那就是人們太過迷信專家了。一遇到專家，就習慣以他們的說詞作為依據，造成行為上的盲從，讓自己失去客觀的判斷能力，因此才會被週遭的小人騙得團團轉。

你是不是也習慣當個應聲蟲呢？或是只會人云亦云，一點自主思考和判斷的能力都沒有？

別再盲目地聽信「專家」的意見了，否則你很容易變成輸家。

就算頭銜再多，名聲再響亮，貨真價實的專家也會有出錯的時候，更何況是那些冒牌的專家呢？唯有經過思考和判斷，才能真正的付出行動。

別當殺雞取卵的傻瓜

千萬別做出殺雞取卵的傻事，因為，你把別人當成傻瓜，別人也會把你當成傻瓜，到時候傷透腦筋的人，就是你自己。

建立蘇維埃政權的列寧曾說：「為了能夠分析和考察各種狀況，應該在肩膀上長著自己的腦袋。」

當你面臨選擇的時候，應該要有屬於自己的獨立思考方式，方能做出最有利於自己的判斷和抉擇。

做人厚道，做事厚黑

有一個少年經常被他的朋友們譏笑、戲弄。

因為，這些人常拿一枚五分鎳幣和一枚一角銀幣，讓他從中挑選一個，而他總是拿那個面值最小的五分鎳幣，所以大家總是喜歡拿這件事來戲弄他。

後來，有個同情他的小朋友，悄悄指點他說：「我告訴你，那個一角銀幣雖然看起來比較小，但是卻比那個五分鎳幣價值高，你可以買更多的東西呢！所以，以後他們再讓你選的時候，記得要拿那個銀幣啊！」

「可是，如果我拿了那枚銀幣的話，他們以後就不會再給我錢了。」這個看似愚笨的少年回答。原來，這個少年一點也不笨，他可是比誰都還精明呢！

他之所以要拿鎳幣，是因為他想讓這個遊戲繼續玩下去，他當然知道銀幣的價值，但是一旦拿了銀幣，這個遊戲肯定就會結束了，所以故意選取鎳幣，才是長遠之計，畢竟小錢累積起來也是很可觀的。

你必須具備的應對智慧

故事裡的小人物，其實正是大智若愚的表現。這個聰明的少年，不以眼前的小利為滿足，而是以長遠的利益著眼，雖然被人譏笑，受人戲弄，但是他都不以為意，反而迎人所好，儘管輸了面子，卻贏了銀子。

對各行各業的企業經營者來說，相信從這則小故事裡也能得到啓發，只要捨得放棄眼前利益，努力經營、累積實力，就算目前只是小本經營，將來也能有成為大企業的一天。

千萬別做出殺雞取卵的傻事，因為，你把別人當成傻瓜，別人也會把你當成傻瓜，到時候傷透腦筋的人，就是你自己。

8.

面對挑釁，
何必太認真？

若是你不希望讓周遭的小人煩擾生活，
不希望被無謂的事情擾亂心情，
就讓看事情的視野多一些角度吧。

別當漲紅了臉的驢子

許多害怕技不如人的人，常會以嘲笑他人來掩飾自己的不足，殊不知當他嘲笑別人之時，也正嘲笑了自己。

缺乏才智的人最喜歡做嘲笑別人的事，蘇東坡就認爲「笑人者可笑」，這是因爲才智不足的人，只會用嘲笑的方法面對高手，或者一味虛張聲勢，卻怎麼也不敢與高手過招。

面對這樣的人，不要讓對方的敵意左右自己的意志，何妨以對方的邏輯加以回敬，讓他好好認清自己的嘴臉。

如果你懂得發揮創意，許多看似難堪的場面都會變得對自己有利。

做人厚道，做事厚黑

德國著名的詩人海涅是猶太人，有一段時間，常常因為種族問題，而在公共場合中被一些無聊的人士侮辱和攻擊。但是，海涅總是憑著機智、幽默，輕鬆地應付過去，把尷尬留給對方。

有一天，在一個晚會上，有個不懷好意的傢伙又想找碴，便故意趨前對海涅說：「我發現了一個小島，奇怪的是，這個島上竟然沒有猶太人和驢子哩！」

海涅看了他一眼，並沒有因為對方的侮辱而動氣，只是不急不徐地回答說：

「喔？照這樣看來，只有你跟我一起到那個島上，才能彌補這個缺陷吧！」

在場賓客聽了這番妙答，不禁哄堂大笑，那個想要羞辱海涅的人，瞬間成了一頭漲紅臉的「驢子」。

你必須具備的應對智慧

想要提昇自己的處世競爭力，做人做事不一定要八面玲瓏，但是，一定要講究策略和技巧，幽默的談吐和適時的機智不只可以替自己解圍，同時也可以是和別人輕鬆溝通的工具。

當批評別人多過於反省自己，當審視事情的深層意義少於表面偏見，你的表現只會讓人覺得一無是處。

古人有云：「莫笑人短，莫恃己長」，一旦你刻意去嘲笑別人的缺點時，聰明的人早已看出你究竟是什麼貨色了。

日常生活中，許多害怕技不如人的人，常會以嘲笑他人來掩飾自己的不足，殊不知當他嘲笑別人之時，也正嘲笑了自己。

用幽默來感化解尷尬

生活中時常需要機智與幽默，讓自己在遇上瓶頸或跌倒時，有個台階下，並且找一個能讓自己帶著微笑，重新來過的新開始！

真正聰明的人，不會因為外來的刺激而情緒失控，更不會稍不如意便失去理智，反而會用幽默的態度面對。

因為他們十分清楚，暴跳如雷於事無補，只會衍生更多衝突。

想化解尷尬，就先培養你的幽默感。

有時候，帶點自我嘲諷的意味，更能一針見血的指出問題所在，又因為有幽默感的裝飾，不僅能化解尷尬，還能化險為夷。

做人厚道，做事厚黑

俄國著名的寓言故事家克雷洛夫，雖然號稱著作等身，但生活卻非常貧困，平時衣衫襤褸，而且常常因為付不起房租，每隔一段時間就會被房東掃地出門。

一天，克雷洛夫又找到了一間新房子，但是這個房東看了他的窮酸模樣，擔心他會把房子的設備破壞，便在房契上加了一項但書：「如果租用者不小心引起火災，燒了房子，必須賠償一萬五千盧布。」

克雷洛夫看了這條很不合理的條款，不但不生氣，反而拿起筆，大方地在一萬五千後面，再加了兩個「○」。

房東瞪大了眼，驚喜道：「哎呀，一百五十萬盧布？」他以為自己有眼無珠，遇到了一位大富翁還不自知。

怎知，克雷洛夫卻急不徐地告訴他說：「是的，反正不管多少，我都一樣賠不起，何不大方一點？」

房東聽到後，呆了半天都說不出話，最後只好取消這項但書。

你必須具備的應對智慧

詼諧幽默的應對方式就是彼此互動最好的潤滑劑。也就是說，當你遇到自己不感興趣的問題，不知道該跟對方說什麼，或是不想跟對方糾纏不清的時候，就越必須用極出色的幽默感與對方溝通。

雖然克雷洛夫的說法有點無賴，但是當他用這種方式化解房東的無理要求時，卻也不禁令人莞爾。

他以嘲弄自己的幽默感，來處理房東的無理要求，不只一針見血地指出了對方的無理，也誠實地說出了自己的窘境。

生活中時常需要這樣的機智與幽默，讓自己在遇上瓶頸或跌倒時，有個台階下，並且找一個能讓自己帶著微笑，重新來過的新開始！

有點心機，比較容易出人頭地

在充滿競爭的社會中，除了能力要比別人強，更要比別人懂得智謀的運用和機會的把握。

文藝復興時期的大藝術家達文西說：「鐵不用就會生鏽，水不流就會發臭，人的智慧不用就會枯萎。」

確實如此，唯有懂得運用智慧的人，才可能激發高明的創意，為自己創造出無可比擬的競爭力。

活在這個「靠銀行，銀行會倒；靠政府，政府會跳票」的年代，想要出人頭地，就必須具備一些做人做事應有的心機，別再傻乎乎地混日子。因為，裝傻只會讓你越來越傻，擺爛只會讓你越來越爛！

做人厚道，做事厚黑

日本松下公司準備從新聘的三名員工中，選出一位來從事市場行銷企劃工作。

人事主管計劃於是讓他們來個職前「魔鬼訓練」，並從中挑選出最適合的人選。

這三個人被送到廣島去生活一天，每個人身上只有一天二千日元的生活費用，最後誰剩下來的錢最多，誰就是優勝者。

生活費已經夠少了，還要有錢能剩下，實在是件困難的事。

一罐烏龍茶的價格是三百元，一瓶可樂的價格是二百元，而且最便宜的旅館一夜也要二千元。也就是說，他們手裡的錢剛好能在旅館裡住一夜，但是這麼一來，他們一天的錢也就沒有了。

所以，他們要不就別睡覺，要不然就不吃飯，除非他們能在天黑之前，讓這些錢生出更多的錢。但是前提是，他們必須單獨生活，三個人不能相互合作，更不能幫人打工。

於是，三個人便開始各憑本事了。

第一位先生非常聰明，他用五百元買了一副墨鏡，用剩下的錢買了一把二手吉他，來到廣島最繁華的新幹線售票大廳外，扮起「盲人賣藝」來。半天下來，大琴盒裡已經裝了滿滿的鈔票了。

第二位先生也非常聰明，他花五百元做了一個大箱子，也放在繁華的廣場上，箱子上寫著：「將核子武器趕出地球，紀念廣島災難四十周年，為加快廣島建設大募捐」。

然後，他用剩下的錢僱了兩個中學生，並在現場宣傳講演，不到中午，箱子也裝滿了一整箱的捐款了。

至於第三位先生，看起來好像是沒什麼頭腦的傢伙，也許他真的累了，所以他做的第一件事，就是找個小餐館，點了一杯清酒、一份生魚、一碗飯，好好地吃了一頓，一下子就花掉了一千五百元。接著，他找了一輛廢棄的汽車，在那裡好好地睡了一覺。

一天下來，第一位和第二位先生都對自己的聰明和不菲的收入暗自竊喜。可

是，到了傍晚時，兩個人卻同時面臨了意料之外的厄運。

一名佩戴胸章和袖標、腰間配帶手槍的稽查人員出現在廣場上，他摘掉了「盲人」的眼鏡，摔爛了「盲人」的吉他，也撕破了募捐的箱子，在沒收了他們全部的「財產」後，還沒收了他們的身份證，揚言要以欺詐罪起訴他們。

就這樣，一天結束了，當第一位先生和第二位先生設法借到路費，狼狽不堪地返回松下公司時，已經比規定時間晚了一天了，而且更尷尬的是，那個「稽查人員」已經在公司恭候多時了！

原來，他就是那個在餐館裡吃飯，在汽車裡睡覺的第三個先生。他的投資，是用一百五十元做一個袖標、一枚胸章，花三百五十元，向拾荒老人買了一把舊玩具手槍，和化裝用的絡腮鬍子。

這時，公司的國際市場經銷部課長走了出來，對著站在那裡發呆的「盲人」和「募捐人」說：「企業要生存發展，想獲得豐厚的利潤，不僅要知道如何攻入市場，更重要的是，要懂得如何攻下敵方的整個市場。」

你必須具備的應對智慧

法國大文豪大仲馬曾經這麼說：「上帝限制了人的成功力量，但卻給了人算計別人的心機。」

正因為如此，一個精明的人，若想在做人或做事之時不遭人算計，就不能盲目信任別人，因為，你以為的那些好人，不一定就是好人！有時候，外表和善的人，其實才是最奸詐狡猾的。

人性作家凱特曾經提醒我們：「做人要聰明到懂得見風轉舵，做事精明到懂得過河拆橋。」

地球已經變平了，競爭者正虎視眈眈想搶走你的機會。想要比別人成功，光是靠認真和努力是不夠的，有時候在做人方面必須多一點心機，在做事方面必須多一些手腕，才能讓自己在這個充滿變數的社會中出人頭地。

小人為了陷害別人或是爭奪利益，往往會想盡各種辦法，並且變換各種身分，

然後在關鍵時刻，誘使對方墜入他們設好的圈套。

現實社會就是這樣，戲法人人會變，巧妙各自不同。在充滿競爭的社會中，除了能力要比別人強，更要比別人懂得智謀的運用和機會的把握。

也許，遭遇到層層阻礙和打擊之時，有人會質疑社會的現實、不公，但是，與其質問別人的投機，不如學習第三位先生的機智。

人的智慧和創意是沒有極限的，當大家都用相同的手段和方法時，只要你能比別人多動腦一分鐘，你就能把別人的機會搶過來，甚至還能為自己創造另一個獨一無二的機會。

對你好的人，不一定是貴人

只要讓自己快速學會對付小人，你就能在小人欺負你時，知道如何見招拆招，反過來牽著對方的鼻子走！

作家蒙森曾說：「凡是小人，通常都有一個共同點，那就是他們往往都會戴著貴人的面具出現在你身邊。」

因此，千萬別天真地以為在你最困難無助的時候，向你伸出援手的人，就是拯救自己的貴人，因為，這個在你眼中的「貴人」，極有可能就是在背後讓你陷入困境的那隻黑手。

為人處世有個很重要的教訓是：不可太信任別人。當然，這並不是教你陷入另一個極端的猜疑，而是提醒你凡事要先進行了解，千萬不要因為人家說什麼，

你就照著做什麼，否則就會被身邊的小人耍得團團轉。

做人厚道，做事厚黑

紐約電話公司的總經理麥卡隆，因為小時候被人開了一次大玩笑，於是學會了自我判斷與自我解決事情的能力。

當時他還是個小孩，雖然工作經驗還不少，卻很容易上當。那時的他在火車站的車道上做各種零工，常常受到一些工人的愚弄。

在一個炎熱的夏天中午，位於山岩與河流之間的車站熱得像鍋爐一樣，有個叫比爾的工頭，卻煞有介事地要求麥卡隆去拿一些「紅油」，以便晚上點「紅色的電燈」之用。他告訴麥卡隆「紅油」得到圓房子裡拿，麥卡隆恭恭敬敬地接收指令，便到那裡跟他們要「紅油」。

「紅油？」那裡的職員十分奇怪地問：「做什麼用的呢？」

「點燈用的。」麥卡隆解釋說。

「啊，我曉得了。」那個職員心中似乎明白了：「紅油是在過去那個圓房子的油池裡。」

於是，麥卡隆就在那滾燙的焦煤碴上又走了一里路之遠。到了油池那裡，有人告訴他「紅油」並不在那裡，更不知道那是什麼東西，於是便叫他到站長的辦公室裡去問清楚。

麥卡隆在大太陽底下，就這麼來來回回走了一整個下午，最後他著急了，便跑去問一個年老的工程師。這個慈祥的老工程師心疼地望著他說：「孩子呀！你不曉得那紅光是紅玻璃映射出來的嗎？你現在回到工頭那裡去和他理論吧！」

麥卡隆得到這次教訓後，發誓以後絕不要像呆子一樣，被人玩弄了還搞不清楚狀況，他決心以後做任何事都要把眼睛睜大，耳朵聽仔細，腦袋瓜子也不再只是用來放帽子的地方。

你必須具備的應對智慧

法國大文豪雨果在他的名著《鐵面人》中，曾經這麼譏諷地寫道：「天底下最可憐的笨蛋，是那些從來不懷疑別人可能言行不一，而對別人所說的話一味地信以為真的人。」

現實的社會充滿陷阱，處處可以見到欺騙、訛詐、巧取豪奪；複雜的人性捉摸不定，有時散發著善良的光輝，有時流露著醜惡的慾望。

每個人的身邊都會圍繞一群小人，諷刺的是，我們都曾因為認識不清，對這群小人深信不疑。在這個大家認為「小人不能惹」的年代中，具備一點心機，做好自我保工作，無疑是防範小人耍奸耍詐的首要課題。

害怕被小人愚弄、欺負嗎？那麼你就要把眼睛睜亮點，腦子放靈活些，懂得判斷，並且努力學習。只要讓自己快速上手，你就能在小人欺負你時，知道如何見招拆招，反過來牽著對方的鼻子走！

不要習慣依賴別人，也別老是等待別人的答案，你必須要有自己的判斷力，要有自己看待人事物的方法，多用自己的大腦去思考，你才能走出自己的路。

逆向思考，就能找到新方向

在現代人性叢林中，別只會在筆直的道路上行走，迷了路只會停在原地等待救援。

想從芸芸眾生中脫穎而出，比別人早一步成功，你必須同時具備做人與做事應有的應變智慧。

當事情陷入膠著狀態，你能不能適時運用自己的聰明機智，讓它朝著自己希望的方向發展？

所謂的機智，就是發現不同事物之間的相似之處，以及發現相似事物之間的差異。機智對於人際之間的應對進退有著無窮妙用，面對那些惹人厭的人事物，每個人都應該設法讓自己聰明一點。

做人厚道，做事厚黑

美國有個店員，因為工資糾紛要和老闆打一場官司，於是請了一位很有名的律師幫他打這場官司。

不知道為什麼，店員與老闆的工資糾紛，演變到後來，竟然成了債務糾紛，不過雙方在這件事情上都沒有證據，都無法證明自己的清白。

這個店員非常擔心會輸了這場官司，即將宣判之時，他向律師提出一個想法，想送一份厚禮給法官。

律師一聽，連忙制止：「千萬別送禮，這時候送禮反而證明你心中有鬼，本來還有贏的機會，一旦送了禮，那麼你肯定要輸了。」

店員了解的點點頭，表示不會送禮。

但是，他回到家後，想了想律師的話，覺得裡面大有文章可做，於是他瞞著律師，仍然送了法官一份厚禮。

沒想到，不久之後法庭開庭判決，店員贏得了這場官司。

這個店員十分自豪地對律師說：「感謝您當初給我的指點，我還是送了一份厚禮給法官，不過在禮品的名片上，我寫上了老闆的名字。」

律師聽到後，目瞪口呆地一句話也說不出來。

你必須具備的應對智慧

店員因為送禮而打贏了官司，關鍵在於他有一顆靈活思考的腦袋。

當別人只用一條直線在思考，認為「送禮」是理虧的證明的時候，他卻能反向思考、逆向操作，尋找新的解決辦法，亦即假冒老闆的名義送禮，讓法官對老闆產生不良印象。

這個故事無疑告訴我們，在現代人性叢林中，別只會在筆直的道路上行走，迷了路只會停在原地等待救援。其實，你一點也不需等待別人的救援，因為，只要你肯花點腦筋，再多繞幾個彎，就能到達目的地了。

不要聰明反被聰明誤

不要太相信自己的學經歷，天才與蠢才之隔，就是一個時常動腦思考，一個靠著小聰明而頻頻跌倒。

德國科學家貝爾納曾說：「不少學者就像是銀行的出納人員，即使掌握了許多金錢，這些錢也不是他的財產。」

正因為如此，我們才會在層出不窮的詐騙案中，赫然發現許多受害者有著超高學歷，甚至是教授級人物。

不是會唸書的人就一定聰明，也不是學歷高的人說的話就一定對，因此，別再仗著自己有些小聰明而志得意滿。

如果你沒有讓自己繼續成長，你的小聰明永遠就只有那些。

成長與學習停滯的人，永遠也不會有大智慧，希望自己能有所成就，肯定是件困難的事。

做人厚道，做事厚黑

一位美國汽車修理師有一個習慣，非常喜歡在工作時說笑話。

有一次，他從引擎蓋下抬起頭來，問一位前來修車的博士：「博士，有個又聾又啞的人到一家五金行買釘子，他把兩個手指頭並攏，放在櫃台上，又用另一隻手做了幾次鎚擊動作，於是店員給他拿來一把鎚子。他搖搖頭，指了指正在敲擊的那兩個手指頭，店員便給他拿來了釘子，他選出合適的就走了。接著，店裡又進來了一個瞎子，他要買把剪刀，你猜他要怎麼表示呢？」

這位博士想了一下，便舉起右手，用食指和中指，做了幾次正在剪東西的動作。修理師一看，開心地哈哈大笑起來：「啊！博士你真笨，他當然是用嘴巴說要買剪刀呀！」

接著，這個汽車修理師又得意洋洋地說：「今天，我用這個問題把所有的顧客都考了一下。」

「上當的人多嗎？」博士急著問。

「不少。」汽車修理師說：「但是，我早就知道你一定會上當。」

「為什麼？」博士詫異地問。

「因為你受的教育太高了，博士，光從這一點，我就可以知道你的腦袋打結，不會太聰明啦！」

你必須具備的應對智慧

德國作家利希騰貝格曾經寫道：「在我們生活的這個世界上，一個傻瓜會造就許多傻瓜，而一個智者只能造就幾個智者。」

因此，做人要用心，做事要用腦筋，千萬別當個不辨真偽的傻子，否則就會淪為別人耍弄的對象。

人生充滿危機和變數，人不可能全知全能，出糗與上當是每個人都沒有辦法

逃避的人生考驗，狡詐的人永遠會想盡辦法挖掘你的盲點，刺激你的缺陷，好讓

你暴露出更多弱點，然後把你耍得團團轉。

擁有多少知識並不等於擁有多少才智，現實生中充滿著許許多多陷阱，勤於思

考才是避免犯錯的最佳途徑。

不要太相信自己的學經歷，天才與蠢才的區隔，就是一個擁有大智慧，時常

動腦思考，一個靠著小聰明而頻頻跌倒。

如果你常覺得自己懷才不遇，或者老是上當受騙，那麼你可要重新評估自己

的聰明才智囉！

太過自信的人，往往活在自我設限的框架中，讓原有的聰明才智難以發揮。

其實，成敗皆在你手中，真正成功的人不會迷失在別人精心佈置的疑陣中，

也更明白如何才能一鳴驚人，為自己創造無人能取代的地位。

面對挑釁，何必太認真？

若是你不希望讓周遭的小人煩擾生活，不希望被無謂的事情擾亂心情，就讓看事情的視野多一些角度吧。

面對別人的挑釁，你都是臉紅脖子粗地回應嗎？

其實，看事情的角度有很多，面對別人的挑釁舉動，除了動氣之外，你可以有不同的解釋和不同的面對態度，讓想使你出糗的人出糗。

做人厚道，做事厚黑

只要發揮你的智慧，你希望事情怎麼進展，你就能看見期望的結果！

美國自由派牧師亨利‧沃德和他的姐姐，《湯姆叔叔的小屋》的作者斯朵夫

人，都是廢除奴隸運動的鼓吹者和參與者。由於亨利‧沃德經常在佈道時，揭露

奴隸制度的罪惡，因此經常遭到奴隸主人的辱罵和攻擊。

有一次，他收到了一封信，拆開一看，上面只寫了兩個字：「白癡」。

佈道時，沃德談到了這件事，戲謔地說：「我常常收到寫完了信，卻忘了簽

上自己名字的人，但是，居然有人只記得簽下自己的名字，今天我

倒是頭一次遇到。」

還有一次，沃德正在發表反對奴隸制度的演說時，台下突然傳出了一陣「喔

喔喔」的雞鳴聲，這時會場一陣嘩然，沃德只好停止演講。

原來，台下的聽眾裡，有一些贊成奴隸制的主人，故意模仿雞叫的聲音，想

干擾沃德的演講。但是，沃德非常鎮定，臉上沒有一點惱怒的神情，只是從口袋

裡慢慢地拿出懷錶，認真地看了一遍，又來回晃了幾下。

他這個舉動立刻吸引了台下的聽眾，會場頓時又安靜了下來。

於是，他滿臉認真地對聽眾說：「太奇怪了，我的懷錶還好好的，沒有任何

毛病啊！可是懷錶的時針卻指著十點鐘，我很肯定現在應該是清晨才對，因為下面那些雞在叫喊，絕對是出自於動物的本能！」

你必須具備的應對智慧

詩人薩克雷曾經說：「假如你不懂得如何應付身邊那些討厭的小人，那麼，你一定不會成為智者。」

在這個人心叵測的時代，做人做事要多一點心眼，面對不懷好意的對手，更要懂活用自己的腦袋化解窘境。

當沃德的處理方法讓人會心一笑時，我們同時也發現，對事物的解釋方式原來比事物本身更重要，一切端看我們面對事情抱持什麼樣的態度，以及如何設定解釋的角度。

思考應該是寬闊的、深刻的，若是你不希望讓周遭的小人煩擾生活，不希望被無謂的事情擾亂心情，就讓看事情的視野多一些角度吧。

讓小人自己去傷腦筋

活用你的腦袋吧！方法和生機全在你的大腦裡，只要動一動腦，你就能發現另外的一片天地。

希臘哲聖蘇格拉底曾經語重心長地這麼說：「不經思考、反省的人生，是不值得活下去的。」

在人生的各項競爭中，是否具備聰明才智，往往是決定勝負的關鍵。

因此，平常就得經常鍛鍊自己的腦力，讓才智像太陽一樣發光，如此它才可能成為你克敵致勝的秘密武器。

這是一個腦力競賽的時代，當你遇到人生中的困境和危機之時，往往就是測試自己生命價值的關鍵時刻。

做人厚道，做事厚黑

古希臘時代，有位國王為了彰顯他的「仁慈」，特地允許囚犯自行選擇死亡的方式，方法有二，一是砍頭，二是絞刑。

但是，國王讓囚犯選擇死亡的方法卻很可笑，他要求囚犯在臨死前，隨便說一句話，並由他當場檢驗這句話的真假，倘若囚犯說的是真話，便處以絞刑，說假話就要被砍頭。於是，臨刑前，每個說真話的囚犯一一上了絞刑台，說假話的囚犯則一個個人頭落地。

這時，國王的衛士把一個名叫布爾的囚犯帶到了刑場，讓他和其他囚犯一樣，先說一句話來斷定真偽之後，再決定行刑的方式。

這時，只聽見聰明的布爾說：「國王陛下，您會將我砍頭！」

國王聽了之後，不禁大傷腦筋，想了半天也想不出話中的真假。如果布爾說的這句話算真話，那麼就得處以絞刑；但是若處以絞刑，那麼這句話就會變成了

假話。

同樣的，如果這句話算假話，那麼就得將他砍頭，但是，要真砍頭的話，這話便又成了真話。

只見國王搔得頭髮都亂了，仍然想不出結果來，最後他只好宣佈將布爾放走，赦免了他的死刑。

你必須具備的應對智慧

在「你不詐人，人必詐你」的人性戰場上，我們的身邊充斥著嚙人害人的小人，如果你不懂得把心機發揮在可以勝出的地方，那麼你永遠都只是這場戰役中的輸家，被小人玩弄於股掌之中。

不能以武力征服的，靠智慧每每制勝，如果你不能識破小人正的「搞詭」伎倆，不能用智慧化解，就會淪為任人宰割的「蠢蛋」。

聰明的布爾，利用邏輯中的矛盾，才得以僥倖免於一死，如果他只會呼天搶

地的喊「大人冤枉」的話，下場當然是死路一條。

日常生活之中也是如此，當你不小心被小人逼進了死胡同裡，你是在那裡拼命地繞圈圈、鑽牛角尖，還是坐以待斃等著死期的到來，還是設法絞盡腦汁將問題丟還給對方，讓他自己去傷腦筋呢？

文藝復興時期的大藝術家達文西說：「鐵不用就會生鏽，水不流就會發臭，人的智慧不用就會枯萎。」

確實如此，唯有懂得運用智慧的人，才可能激發高明的創意，爲自己創造出無可比擬的競爭力。

活用你的腦袋吧！方法和生機全在你的大腦裡，只要動一動腦，你就能發現另外的一片天地。

9.

你也可以
光明正大說謊話

「弄假成真」的手段並不高明，也不夠
高尚，但是，這在爾虞我詐的社會中，
在政治的競技場上，能夠正大光明的又有幾個？

拍拍馬屁，做事會更順利

如果你可以懂得恭維的技巧，並且更進一步看穿他人恭維背後的真正意圖，不管面對何種情況，幾乎可以無往不利！

格朗熱曾說：「我們明知諂媚是毒藥，但它的芬芳仍使我們陶醉。」

擅長諂媚的人，永遠瞭解對方的需要是什麼，懂得拍馬屁的人，永遠知道如何用「舌頭」幫助自己度過眼前的難關。因此，當他們讚揚別人的時候，往往可以把馬屁拍到對方的心坎裡，讓對方樂不可支，卸掉原本的敵對情緒，把危機變成轉機。

從這個角度而言，只要不暗藏從背後捅人一刀的企圖，並且用得適時適度，拍人馬屁並不一定是壞事。

做人厚道，做事厚黑

不知道你想過沒有，有的時候，適當讓對手有掌握全局的感覺，給他點甜頭嘗嘗，或許對自己來說，未必不是一件好事！

明朝有位翰林叫做陳全，向來十分幽默。有一次，他不小心誤入禁宮，結果被太監中貴發現了。

陳全趕忙告訴中貴，自己是因為一時疏忽誤入禁宮，希望他睜一隻眼、閉一隻眼，饒他一回。

中貴想了想之後，便對他說：「我聽說你很擅長說笑話，這樣好了，你就說一個字，如果可以讓我笑，這次我就放過你，不然的話，我就向上頭呈報，把你給斬了。」

陳全低著頭想了一下，之後便說了一個字：「屁。」

中貴覺得很奇怪，便問他作何解釋，陳全於是回答：「放也由公公，不放也

由公公。」

中貴聽了大笑不止，便依照約定把他給放了。

陳全無疑是個洞悉人性心理的高手，這一招「放也由公公，不放也由公公」

你必須具備的應對智慧

不但幽默風趣，言語之間也讓對方充分感受到「翰林不過是個屁，生殺大權操之

在我」的優越感。

不論做人或做事，很多時候身段要放軟。如果什麼事情都要弄得異常緊張、

搞得像是兩邊對抗、四面楚歌、互擂戰鼓、敵意十足，非得殺個你死我活不可，

通常只會給自己多樹敵人、自尋煩惱而已。

愛爾蘭有句話說：「恭維不用花錢，但是絕大多數的人卻不自覺地向恭維者

付出巨款。」其實正是這個道理。讓對方覺得自己可以很大方、很大氣，那麼他

也不會對我們太斤斤計較了。

給對方一句「讓你做主」的訊息，抬高他的地位，讓他得意一下，通常對方

也會樂得大方，不與我們為難。畢竟，這就是人的天性呀。

不過，要是立場互換，你可要注意，別被他人幾句恭維給迷了心竅、忘了東

西南北了。

羅曼‧羅蘭曾經寫道：「今天的捧場，就是明天的誹謗。」

口蜜腹劍的行為之所以令人不齒，是因為這種人習慣用「舌頭」掩護準備背

後暗算別人的「拳頭」。

所謂知己知彼，百戰百勝。如果你可以懂得恭維的技巧，並且更進一步看穿

他人恭維背後的真正意圖，那麼不管面對何種狀況，幾乎可以無往不利！

說話前，先用用大腦

每個人的口，就像身上帶著的一把屠刀、一束鮮花，端看你要獻給對方哪一個，是要用話語讓他人快樂，還是讓他人痛苦。

清代的文士申居隕曾經這麼說：「一言之善，亦足以作福；一言之戾，亦足以傷和。」

確實，讓別人和氣或生氣，往往就在一言之間，我們怎麼能不小心留意自己所說的每一句話呢？

做人厚道，做事厚黑

話說，紀曉嵐有天和一幫朋友在街上閒逛。

閒來無事，紀曉嵐便對朋友說：「看見那間店裡的老闆娘沒有？跟你們打賭，

我能說一個字讓她笑，還能再用一個字讓她鬧！」

朋友問：「你認識她嗎？」

紀曉嵐答道：「不認識，不過這沒有什麼差別，你們信不信？」

朋友們沒有一個人相信，於是雙方便打賭，以一桌酒席為賭注。

只見紀曉嵐整理好衣衫，走到店門口，恭恭敬敬地對著看店的狗行了一個禮，

叫道：「爹！」

老闆娘聞言愣了一下，接著就捂著嘴笑起來。哪知紀曉嵐緊接著走進店，對

老闆娘也行了一個禮，並喊道：「娘！」

想當然爾，最後紀曉嵐輕鬆贏了一桌酒席。

你必須具備的應對智慧

一個字可以讓人開懷歡笑，也可以讓人生氣不已，這就是語言的力量。

你是不是曾經後悔過去對別人說過的一些話？是否曾經因為一句話，讓你與對方再也無法回到從前的關係？又或者，你是不是也曾經被別人的一句話刺傷，至今想來，心裡仍會隱隱作痛？

一句話能讓人雀躍不已，彷彿置身天堂；也能讓人飽受煎熬，活像是下了地獄般痛苦。

每個人的口，就像身上帶著的一把屠刀、一束鮮花，端看你要獻給對方哪一個，是要用話語讓他人快樂，還是讓他人痛苦。

想要在現實生活中持盈保泰，必須冷靜而心思細膩，如此才能培養深謀遠慮的智慧，像狡兔一樣預做應變措施。

千萬不要大剌剌地暴露自己的心思，也不要自以為高人一等而逞口舌之快，免得招來無妄之災。

責備，不一定要暴跳如雷

如果只看得見別人的缺點，只會直指別人的鼻子大罵不是，那麼只會產生更多的衝突，也是最笨的溝通方式。

法國文豪巴爾札克曾說：「人總是喜歡在別人面前炫耀自己，自己原本一無所有，卻要處處裝出什麼都有的樣子。」

這種傾向以小人最明顯，小人最常炫耀的除了財富、地位、名聲之外，就是「高尚的品德」，只不過，這樣東西實際上是他們最欠缺的。

儘管許多勵志作家都教導我們，為人處世應該以寬容為本，但是，面對一些厚顏無恥的行徑，寬容過了頭就會變成縱容，只會使小人的氣焰更加囂張。

如果你實在看不下去，又何妨想想法子挫挫小人的銳氣？

做人厚道，做事厚黑

四〇年代，美國色情工業方興未艾，有些唯利是圖的好萊塢製片商為了追逐金錢，開始大量製作色情電影，並高價徵求色情劇本。

當時，有個製片商在徵求劇本時，提出了四個要求：「一要有宗教色彩，二要有貴族氣息，三要有性愛場面，四故事要令人驚愕」。

有位著名的劇作家聽到消息後，認為此風不可長，為了要調侃這位製片商，便照著他的要求，一個晚上就把劇本完成了，並且第二天一早就送去給那位製片商。製片商收到「名家之作」非常高興，但是，看完劇本之後，卻大罵這個編劇：

「你是存心來找碴的嗎？」

原來，劇作家送來的劇本只有一句話，這句話是：「『上帝啊！』公爵夫人高聲喊道：『快把你的手從我的大腿上拿開』。」

這位幽默的劇作家，笑嘻嘻地對著火冒三丈的製片商解釋道：「親愛的先生，

您不是公開聲明說要符合您提出的四個要求嗎？那麼『上帝啊』，難道不算宗教色彩嗎？『高聲叫喊的公爵夫人』，不也富有濃厚的貴族色彩嗎？『快把你的手從我的大腿上拿開』，您瞧，有隻手已經放在公爵夫人的腿上，這不正是性愛的場景嗎？如果您的精神還正常的話，從整句台詞的語氣上來看，相信您一定感覺非常驚愕吧？如此一來，您所要求的四個標準，在這個劇本裡不是都具備了嗎？」

被戲弄的製片商聽了這話，氣得面紅耳赤，卻也只能無言以對地看著劇作家大搖大擺地離開。

你必須具備的應對智慧

英國作家赫胥黎曾經寫道：「人生最大的悲哀，就是純真的想法，往往被醜陋的事實所扼殺。」

人是最擅長偽裝的動物，現實生活中道貌岸然的小人很多，如果你不想老是受他們宰割，那麼就得放聰明一點，透過適當的方式加以反擊。

病態的社會是小人滋長的溫床，在過度追逐名利的情況下，往往會造成許多錯誤、不良的社會風氣，以及扭曲的價值觀。

聰明的劇作家以極其諷刺的方法，撰寫了一個絕妙的劇本，藉以突顯色情電影業者在追逐金錢時的厚顏無恥，雖沒有和製片商正面衝突，卻以更直接地方式，給予同製片商一個無形的教訓。

同時，這個劇作家也提供了一個絕佳的溝通技巧。

人與人之間的相處，需要的是多點心思、多點溝通，如果只看得見別人的缺點，只會直指別人的鼻子大罵不是，那麼只會產生更多的衝突，招來更多報復，這也是最笨的溝通方式。

學學劇作家吧！嘲諷式的幽默，反而更能一針見血，讓小人深省。

勇敢面對問題才是明智之舉

面對令人難堪的問題時，不要一味想著如何逃避，而要認真思考解決的方法，這才是實際又有效的明智之舉。

蘇格拉底曾說：「當你高興或動怒的時候，儘量緊閉你的嘴巴，免得讓小人有見縫插針的機會。」

因為，你越能讓小人猜不著你的喜怒哀樂，小人就越會為了找不到算計你的縫隙，而大傷腦筋。

做人厚道，做事厚黑

一九六○年秋天，蘇聯總書記赫魯雪夫乘著「波羅的海號」軍艦，前往紐約出席聯合國大會。

抵達紐約後，船上有個水兵竟趁機逃跑了，不過赫魯雪夫並不知道這個消息，直到開記者招待會，幾個美國記者用刁難和挑釁的語氣詢問時，他才知道有這麼一件丟臉的事。

赫魯雪夫對此事並不清楚，自然可以避而不談，或以「無可奉告」回應，或推說是記者們編造的謊言。

但是，赫魯雪夫沒有這麼做，反而用詢問的方式，問在場的媒體記者說：「真有這回事嗎？」

確認之後，只見他搖了搖頭，惋惜地說：「這個年輕人怎麼不開口請求幫助？或者來徵求我的意見呢？本來我可以幫助他，至少可以給他一些的錢，可是，現在他卻在你們這兒失蹤了，真是可惜⋯⋯」

赫魯雪夫滿臉真誠的模樣，以及認真回應的態度，反而讓記者們無話可說，這件事也就這麼結束了，沒有被記者們當作話題加以鼓噪。

你必須具備的應對智慧

人際應對就像一把雙面刃，做人做事的各項技巧掌握得好，不愁做事得不到成效；掌握得不好，則必定難逃腹背受敵、遭人算計的下場。

面對美國記者的挑釁，赫魯雪夫稍有不慎就會被攻擊得體無完膚。他很有技巧地換了一種方式回應，不僅展現了自己的元首氣度，更乾淨俐落地堵住了任何想藉此大做文章的媒體記者的嘴。

面對令人難堪的問題時，不要一味想著如何逃避，而要認真思考解決的方法，這才是實際又有效的明智之舉。

否則在人們猜疑和好奇心的驅使下，反而容易把問題的焦點模糊，甚至被有心人刻意栽贓或製造事端，使自己在尚未得到公平審判前，便被宣佈死刑了。

不要讓對方有推諉的機會

導引對方將心比心，如此一來，便能技巧地讓對方無從推諉，也就輕鬆地將問題解決了。

英國作家湯馬斯・富勒曾經寫道：「對別人始終處於信任狀態的人，是小人最喜歡算計的對象。」

因此，在這個小人無孔不入的年代，如果你不想被小人暗算，就千萬別濫用自己的信任，如此，才能不讓小人有機可乘。

人際應變智慧的精髓在於隱藏自己的心思，使別人無法識破自己的真正意圖，遇到危機更要懂得借力使力，為自己謀得更有力的契機。

做人厚道，做事厚黑

日本有一家中小企業的總經理要求某家客戶準時付清帳款時，對方卻推說資金吃緊，希望能延期付款。這對總經理來說，這實在是一件頭疼的問題，因為這次若拿不到貨款，公司將無法付出員工們的薪資，所以非得拒絕他的請求才行。

這位總經理想了想，向對方說：「我知道，貴公司多年來一直都經營有方，這次會遇上資金吃緊，相信是銀行的問題吧！說真的，最近的銀行似乎一點也不願意支援企業。」

他這麼一說，似乎正中對方的下懷，這位客戶開始大發怨氣，怒斥銀行，於是這個精明的總經理也附和著對方的口氣，跟著也痛罵了銀行一番。就這樣，兩個人把銀行視為共同敵人，互吐積憤。

最後，這位總經理拍了拍客戶的肩膀說：「誠如你所言，現在的銀行實在太不像話了，因此，到了付款的日期仍然要拜託你了。」

這時，客戶仍處在與總經理同仇敵愾的氣氛裡，沒想到對方忽然冒出這麼一句請託，一時間不知道要如何回應，只好點頭答應了。

你必須具備的應對智慧

蒙田曾經寫道：「我說真話，不是看我願說多少，而是看我能說多少。」

面對難纏的小人，為了不讓自己吃虧，並非所有的真話都可以在任何時候脫口而出的，一個真正的說話高手，並不是口若懸河、口才便給的善辯者，而是最能摸清對方心理的的人。

這位總經理與客戶一起抱怨銀行，巧妙地拉近了他與客戶間同仇敵愾的同理心，有了共同的敵人，於是也建立起彼此要相互奧援、扶持的心理。

他從批判共同敵人的議論中找出共識，並且讓對方明白自己的困境，然後悄悄地把話題繞回到雙方的帳款上，導引對方將心比心，不要造成惡性循環。

如此一來，便能技巧性地讓對方無從推諉，也就輕鬆地將問題解決了。

你也可以光明正大說謊話

「弄假成真」的手段並不高明，也不夠高尚，但是，這在爾虞我詐的社會中，在政治的競技場上，能夠正大光明的又有幾個？

做人厚道，做事厚黑

莎士比亞在《哈姆雷特》裡說：「人往往用至誠的外表和虔誠的行動，掩飾一顆魔鬼般的內心。」

如果你恨透了週遭那些道貌岸然的偽君子，有時不妨學學下面故事中的評論家，光明正大說個「八卦新聞」，讓他們為了澄清而疲於奔命。

日本曾經發生一件相當轟動、「弄假成真」的政治事件。

在一場宴會中，有位政治評論家突然站起來說：「我現在要說的事，並沒有事實根據……」

接著，他爆料說出了一件足以令某位政治家結束政治生涯的訊息。

雖然這位評論家已申明，這件事並沒有事實根據，但是這個消息卻讓在座的所有人都認為，這件事一定是真的。不久，媒體大肆報導了這則消息，那位政治家看了報導之後，便氣沖沖地立刻趕去興師問罪。

評論家在道歉後，無奈地說：「我曾經事先聲明，這件事並沒有確實的根據，這點當天在場人士都可以作證。」

這位政治家聽了這番說詞，儘管對他恨得牙癢癢的，卻也無可奈何，只好悻悻然地離開了。

你必須具備的應對智慧

馬克吐溫曾說：「你必須找到事實，接著你怎麼扭曲它都行。」

在這個巧詐勝於雄辯的社會上，有些人為了達到目的，往往會在看似真實的基礎下，發出虛假的言論，讓人防不勝防。

這個評論家利用群眾習於偷窺、猜疑的好奇心理，雖然事先已經表明他所說的「小道消息」沒有事實根據了，但是，以他的身份地位，加上這種「此地無銀三百兩」的說話方式，反而更讓人信以為真。

所以，這位政治家在這場「弄假成真」的遊戲裡，其政治生涯自然受到了影響，也造成一定程度的傷害。

雖然這種惡意中傷的手段並不高明，也不夠高尚，但是，這在爾虞我詐的社會中，在權謀機詐處處可見的政治競技場上，能夠正大光明的又有幾個？

如何讓難纏的人心軟？

無私的愛心之所以能打動人，是因為其中包函了真心和誠心，不管是多麼鐵石心腸的人，遇上了這麼一個溫柔的愛心，想不心軟也難！

日本當代作家池田大作在《青春寄語》一書中說：「即使開始懷有敵意的人，只要抱著真實和誠意去接觸，就一定能換來好意。」

確實如此，天底下沒有融化不了的寒冰，只有不懂得如何用真心去融化，卻一味想投機取巧的人。

想在人性叢林獲得成功，不光有能力、肯努力就能達到，必須明確洞悉自己遭遇的對手，也明瞭自己面臨什麼狀況，並且用最正確的方法面對。

做人厚道，做事厚黑

二次大戰後，日本有一位叫市村的地產商人，在銀座看中了一塊土地，想要買下來改建成商業大樓，但是，這塊土地的所有人，卻是一位非常頑固的老太太。

為了購買這塊土地，市村來來回回地走了好幾百趟，但都無法成功地說服老太太。

因為，老太太說那是祖上留下來的產業，絕對不能出售。

但是，市村一點也不死心，只要一有空閒，幾乎天天都會前去找這個老太太溝通。有一次，在一個下著大風雪的日子裡，市村再度前去拜訪老太太，請求她出讓這塊土地，但仍然被老太太拒絕。

誰知，第二天，老太太卻意外地出現在市村的事務所，而且表情十分愉悅。

市村高興地請她入座，老太太說：「市村先生，今天我原本是來做最後一次拒絕的，不過，剛剛發生了一件事情，使我臨時改變了主意。」

市村一聽，完全摸不著頭緒，正想開口問時，老太太接著說：「市村先生，

那塊土地我願意讓給你。」

「啊？」市村聽了，驚訝得說不出話來。

原來，這個難纏的老太太轉了好幾次車，才找到市村的事務所，途中她曾經向許多人問路，但大數人都對她愛理不理。當老太太身心都感到十分疲憊的時候，終於找到了市村的事務所，她一推開事務所大門，便聽到一位女職員很溫柔的說：

「請進。」

而且，這個女孩不但沒嫌她髒，還脫下自己腳上的拖鞋，請老太太穿上，並親切地扶她上樓。因為這名女職員親切的態度，像是孝順的女兒對待母親一樣，使得老太太深受感動。

戰後的日本，人心冷漠，大家只顧著自掃門前雪，有愛心、能體貼別人的人已經很難得見到了。如今，卻在市區的一個小角落裡，遇到這麼好心的女孩，當然讓老太大為感動了！

一個市村多次奔走、懇求都無法解決的難題，只因為一份小小的愛心，竟然令頑石立刻點頭了。

你必須具備的應對智慧

誠摯待人，就不為因為人際難題而傷腦筋，也不會因為小人就在自己身邊而終日提心吊膽。

無私的愛心之所以能打動人，是因為其中包函了真心和誠心，不管是多麼鐵石心腸的人，遇上了這麼一個溫柔的愛心，想不心軟也難！

在邁向現代化的過程中，高樓大廈阻礙了人與人之間的溝通，在爾虞我詐的市場爭奪中，權謀機詐更拉開了彼此的距離，習慣了冷漠環境的我們，對於任何人也都多了道心防。

沒有人是喜歡冷淡的，如果你希望看見善意的微笑，那麼請從自己做起吧！

不管對方多麼難纏，很快地，你就會贏得一個溫暖的微笑。

你怎麼待人，別人也會那麼待你

> 隨時心存善念，以誠待人，那麼我們自然會有許多意想不到的驚喜，特別是在你需要幫忙的時候。

做人厚道，做事厚黑

成功學大師戴爾‧卡內基在《人性的弱點》裡說：「與人交往，待人以至誠，才能換取真摯的友誼。」

以誠待人，是人與人之間交往的根本，唯有如此，在關鍵時刻才能獲得真摯的幫助，讓自己避開險境。

年輕的鋼鐵大王安德魯・卡內基剛進入公司時，就深得上司史考特的信任，當史考特升任總公司的總務主管後，卡內基也跟著史考特被調派到總公司工作。

但是到了總公司，被安排在史考特底下的員工，卻一點也不願意配合，甚至有人還暗中策劃，準備罷工。

剛到總公司的史考特與卡內基，根本還沒進入狀況，就陷入了孤立無援的情況中，眼看著工廠的氣氛越來越緊張，似乎員工們的罷工行動也正一觸即發。

有一天晚上，卡內基獨自在黑暗中走回宿舍，忽然有個人走近他身邊，低著聲音說：「小聲一點，不要讓別人看見我和你走在一起。你可能不記得我了，我曾經請你幫忙找一份打鐵的工作，當時，你特別為我放下手上的工作，百忙中還幫我找到總公司的這份工作，現在你碰到了麻煩，就讓我來幫忙你吧！」

接著，這個人便拿出了計劃罷工的工人名單給卡內基。

隔天，卡內基把此事告知史考特，史考特便立即採取對策。他以通知那些人去領薪水為名目，讓工人們知道，他們的罷工秘密洩漏了，於是，他們個個都縮回脖子，不再提罷工的事情。

經過這件事，使卡內基深深感覺到，人與人之間的體貼和幫助是多麼可貴，才能在緊要關頭時受到這麼大的幫助。

你必須具備的應對智慧

人與人交往的時候，應當學會適時放寬自己的心境，多為自己和別人預留一些轉圜空間，凡事抱最好的期望，做最壞的打算，如此，才不會使自己的人生之路腹背受敵，寸步難行。

這則小故事，不是要我們在付出時有所期待，或滿腦子只想著別人的回報，而是要告訴我們，隨時廣結善緣，以誠待人，那麼我們自然會有許多意想不到的驚喜，特別是在你需要幫忙的時候。

不過，也別過度期望別人的回饋，只要記住，你怎麼待人，人們自然也會怎麼待你，那才是正確的與人相處之道！

10.

提升應變能力，
才能逢凶化吉

現實生活裡，任何事都可能發生，
許多人習慣以硬碰硬，或以強制的手法來解決事情，
其實，這種方法只會讓事情變得更加棘手而已。

與其強迫威逼，不如投其所好

溝通有很多種方法，我們可以用不傷人的方式，或旁敲側擊的暗喻來表達，只要懂得延伸和變通，事情就能有更完美的結果。

法國哲學家拉布呂耶爾說：「與其令對方服從我們，不如我們附和對方更為便捷而且有益。」

沒有人不喜歡對自己有益的事情，因此，附和對方的喜好，然後找出雙方的共同點，就會使交涉更加便捷，更有益處。

很多時候，與其強迫威逼，不如投其所好來得有效，想要獲得成功，就必須懂得解讀別人的心理需求，明瞭對方要的是什麼，尤其是面對小人，這套心理作戰方式更加重要。

做人厚道，做事厚黑

有一次，名作家愛默生為了把一頭小母牛趕進牛欄，費盡了力氣都無法完成。

他的兒子愛德華見狀，便使用一隻胳膊摟住牛的脖子，而愛默生則在後面推，沒想到們越用力，小母牛越不願移動。

父子倆為了這頭母累得面紅耳赤、滿頭是汗，全身都沾滿了牛糞，簡直氣瘋了。

這時，有位愛爾蘭小女孩路過，看到這個景象，便在一旁開心地大笑，只見她走了過來，把一個手指伸進小母牛的嘴裡，溫柔地拍著牛背，就這麼輕鬆簡單地讓小母牛乖乖走進了牛欄。

愛默生看到這情景後，陷入了沉思，還把此事記入他的手記中。

另外，有一個關於邁克爾·費羅迪發明第一架電動機的軼聞。

費羅迪發明了電動機後，為了讓英國首相威廉對他的發明感興趣，並給予支

持，於是帶著原始模型——「一塊磁鐵，上面繞著一些電線」去找首相。

他給首相看了模型的操作，並講解其中深奧的原理，可是，在他解說的時候，首相卻始終提不起興趣。

「使用它有什麼好處呢？」首相不耐煩地問費羅迪。

「當然有好處，有一天，你可以從它的身上增加許多稅收。」這位科學家靈機一動地回答道。首相一聽可以增加許多稅收，馬上對他的發明表示認可，並給予他很大的支持。

你必須具備的應對智慧

我們所遭遇的人，可能比我們想像中正直，也可能比想像中陰險，尚未摸清對方的人格特質與心理需求，就採取直來直往的應對方式，試圖與對方較勁，或者「以理服人」，其實是相當危險的。

結果不是徒勞無功，便是讓自己碰得鼻青臉腫。與其如此，倒不如旁敲側擊，

以「投其所好」的方式應對或說服。

想要說服別人，尤其是滿身是牛脾氣的人，就必須先了解他們對什麼事最感興趣，進而順勢引導，才能獲取成功。

其實，以他們最感興趣的事物作誘引，並不是迎合拍馬，而是一種不得不然的溝通技巧，那只是一種輔助的方式，與你的終極目標完全沒有衝突，你的人生方向也絲毫不受影響。

溝通有很多種方法，我們可以用不傷人的方式，或旁敲側擊的暗喻來表達，只要懂得延伸和變通，事情就能有更完美的結果。

不要用情緒解決問題

> 「以柔克剛」的溝通技巧，不僅讓可能引起對立的情緒消失，更能心平氣和地溝通交談。

德國作家字希特萬格說：「只有傻子才會對照出自己容貌的鏡子生氣。」

這番話告訴我們，面對別人的批評，先按捺住情緒，勇敢檢討自己所有的缺失，才是明智之舉。

千萬不要用情緒解決問題，聰明的人必須根據不同的情勢，採取相應的作戰方針，不管伸縮、進退，都應該進行客觀的評估，如此才能獲得勝利。可別因為一時沉不住氣，導致自己一敗塗地。

做人厚道，做事厚黑

日本知名的心理學者多湖輝先生，就讀大學的時代，曾遇上一位教學非常嚴格的德文教師。

有一次，講課之時，這個德文老師不小心犯了一個錯誤，而發現這個錯誤的，只有多湖輝一個人。

於是，多湖輝為了讓老師出醜，便直指老師的錯誤，但是老師卻很謙虛地說：

「你說得對，能發現這麼重要錯誤的，只有你一個人，其他的同學都沒發現嗎？是不是都在睡覺呢？」

老師誇讚了多湖輝之後，接著說：「這個部份是每個人都很容易出錯的地方，大家要特別注意。」

本來，多湖輝和同學們都認為，老師會因為學生的指責而惱羞成怒，沒想到他竟是如此友善，虛心受教，在誇獎多湖輝後，反而讓學生們對老師產生了敬重，

更加肯定他的教學，從此也不再批評老師嚴格的教學了。

從多湖輝的這則小故事中，我們學到了另一種「以柔克剛」的溝通技巧，更學到以「謙虛爲懷」化解問題的好處，不僅讓可能引起對立的情緒消失，更能心平氣和地溝通交談。

你必須具備的應對智慧

這正是習慣以情緒解決問題的現代人，所必須學習的技巧。

批評和指責的原因一點也不重要，重要的是，在發現問題後如何改善，並且記得不再犯同樣的錯。

所以，下次若有人不客氣地告訴你：「你知不知道你犯了很大的錯誤」時，別急著動火，先說聲「謝謝」。

相信對手會因爲你的虛心受教，願意提供更多的意見，甚至給予協助，爲彼此創造雙贏的新局。

提升應變能力，才能逢凶化吉

現實生活裡，任何事都可能發生，許多人習慣以硬碰硬，或以強制的手法來解決事情，其實，這種方法只會讓事情變得更加棘手而已。

任何事情都有正反兩面，就像一把刀，如果你抓的是刀刃，最好的事情也會傷害你；如果你抓的是刀柄，那麼最有害的事情也會保護你。

在這個小人橫行的年代，遇到凶險能不能保護自己，讓自己全身而退，關鍵就在於應變能力的強弱。

想要避免突來的災禍，必須多多訓練自己的危機應變能力，學習基本防身術或是研究人性心理，都將有助於提高機警、應變的能力。

做人厚道，做事厚黑

一天深夜，有個打算犯罪的男子，在地鐵站盯上了一位婦女。

出了車站之後，這名男子一路跟蹤婦人，一直跟到了一個很偏僻的地方。此時夜深人靜，男子見四下無人，便準備伺機對婦女行搶、施暴。只見他加緊了腳步，一下子就趕上了這位婦女。

沒想到，就在這個時候，婦人突然轉過身來，以十分誠懇的語氣說：「啊，先生，很高興能碰上你，現在夜深人靜，路又黑暗，我一個人要趕路實在很不安全，你可不可以陪我一段路啊！」

婦人拜託這名男子，並且以非常信任的口氣對他提出請求，這個舉動竟讓男子一時間不知所措，只好茫然地點頭答應了。

一路上，婦人將他當做是熟識的朋友一般聊天，一點也沒有把他當成歹徒加以防備，這使得原本想犯案的男子，不知不覺地將她送到家門口，並且始終沒有

採取任何行動。

事後，這個男子回憶說，他本來是對她行搶、施暴的，但是因為她的這個舉動，不僅令他打消了犯罪念頭，更使他恢復了正常的人性，從此他再也沒有動過犯罪的念頭，反而多了份行俠仗義的企圖心！

你必須具備的應對智慧

其實，根據犯罪心理學家的研究，一般罪犯者在心理上比較自卑，往往缺乏信心，對自我價值抱持著否定的態度。

這位婦女是以肯定人性的心理戰術，並且機警地運用「以柔克剛」的態度，不僅順利地感化了對方，也為自己化解了一次危機。

現實生活裡，任何事都可能發生，許多人習慣以硬碰硬，或以強制的手法來解決事情，其實，這種方法只會讓事情變得更加棘手而已。

想在險惡的人性叢林中求生存，聰明的人考慮問題、制定謀略的時候，一定

要兼顧利與害。既要充分考慮到有利的方面，同時也要考慮到不利的一面，保持清醒的頭腦，才不會衍生不必要的後遺症。

試著放軟身段吧！不要以卵擊石，而要以柔克剛，如此才能逢凶化吉。

正話反說，就能把事情輕鬆解決

如果我們能從人性的心理著手，以旁敲側擊或是正話反說的方式克服，不僅不會得罪任何人，還能收到很好的功效。

戴爾·卡內基在《人性的弱點》裡說：「太陽能比風更快的脫下你的大衣；風趣幽默的方式，比任何命令更容易改變別人的心意。」

日常生活中，有些人的習慣是無法用強制的方法加以改變的，與其命令，倒不如反其道而行。

做人厚道，做事厚黑

在印度，許多婦女都習慣帶著帽子看電影。

可是，這些帽子常常擋住後面觀眾的視線，於是便有員工建議電影院的經理，張貼個公告，禁止她們戴帽子進場。

但是，經理卻搖頭說：「這樣限制的話，恐怕會造成觀眾的流失，我還是必須尊重她們戴帽子的習慣。」

大家聽了之後，都感到十分失望。

不過到了第二天，在影片放映前，這位經理卻在銀幕上播放了一段公告：「本院為了照顧『衰老有病』的女客人，特別允許她們戴著帽子，即使電影放映時也不必摘下。」

但是，當這串文字從螢幕上一跑出來，所有的女客人立刻都把帽子給摘下來了。聰明的電影院經理，利用一般人害怕衰老有病的心理，沒有得罪任何客人，輕輕鬆鬆地就把問題給解決了。

你必須具備的應對智慧

我們習慣以「限制」或「法令」來強制規範別人的行為，成效不彰的情況比比皆是，這是因為大多數人都不喜歡「被約束」的感覺。

如果我們能從人性的心理著手，以旁敲側擊或是正話反說的方式克服，不僅不會得罪任何人，還能收到很好的功效。

遇到那些蠻橫不講理或不遵守規矩的人，大文豪莎士比亞提醒我們：「不要輕易燃起心中的怒火，它燒不了敵人，只會灼傷自己。」

每個人的周遭都有一些讓人難以忍受的人，當你想挺身而出主持公道的時候，千萬不要輕易抓狂，應該暫時忍下心中的憤怒與衝動，如此才能冷靜想出應變知道，輕鬆戰勝這些人。

保持鎮定，你才能脫離險境

開始行動的時候，一般人都會非常專注而仔細，但是，這樣的努力往往持續不到幾分鐘，便慢慢地開始失去了耐性了。

每個人都有個性上的缺點，也有著視野上的盲點，遇到危險的時候，只要你能保持鎮定，掌握這些人性的通病，就能幫助自己脫離險境。

你必須提高應變能力，把自己訓練得像兔子一樣敏捷，像狐狸一樣狡猾，像老虎一樣沉穩而又凶悍。

做人厚道，做事厚黑

一八九七年，密謀策動革命的列寧，被俄國沙皇當局逮捕，流放到西伯利亞邊區。到了西伯利亞，列寧仍不放棄革命活動，積極地在各地運作，並和各區革命活動的參與者保持聯繫。

當然，沙皇也沒有放鬆對列寧的監視，不過機警的列寧每次都能巧妙地擺脫險境，而這些機智表現，更加突顯了他的智慧與勇氣。

一八九九年五月二日的晚上，沙皇的憲兵隊突然闖入了列寧的住處進行搜索。

遇上這個突如其來的搜查行動，列寧仍從容而鎮定地將椅子遞給憲兵，讓他們有個輔助工具能站上去，方便搜尋櫃子的頂端。

於是，憲兵們都爬上了椅子，開始仔細搜查。剛開始，他們找得非常仔細，但是面對著一疊又一疊的統計資料，他們看得都昏頭腦脹了起來，慢慢地也失去了耐心，一直搜到下面幾格抽屜時，只是隨便地掃了掃，就不再繼續搜索了，最後扔下滿屋子的紙張卡片，一無所獲地離開。

其實，他們都沒料到，只要他們搜查得再仔細一點，馬上就可以找到他們所要的證據了。因為，列寧最重要的秘密文件和書信，正是放在櫃子最下面的那幾

個抽屜裡。

你必須具備的應對智慧

開始行動的時候，一般人都會非常專注而仔細，但是，這樣的努力往往持續不到幾分鐘，便慢慢地開始失去了耐性了。

關於這一點，列寧當然非常清楚，所以他鎮定地轉移憲兵們的注意力，讓那些士兵們開始產生「三分鐘熱度」的效應，使自己躲過這場危險的搜查行動。

換個角度想，我們是否也像這些憲兵一樣，經常是三分鐘熱度？

在這個故事中，除了告訴我們保持鎮定的重要性外，另一個重點，就是做任何事都要堅持、有耐心，只要能多堅持一秒，成功就能與我們更靠近。

遭逢困境或瓶頸之時，必須認清現實，冷靜地分析如何突破，因為，導致我們失敗的，往往不是困境本身，而是我們面對困境的心理狀態！

真正聰明的人，總是保持冷靜的心境，讓自己順利突破困境。

嘲弄，也是應付小人的方式

連大學者胡適，都曾被狠狠地被嘲諷了一番，那些總是粗淺學習的人，或老是帶著半調子而自大驕傲的人，更不值一提了。

俄國幽默作家契訶夫曾經說道：「一次絕妙的嘲笑，所起的作用會比十次訓話還大得多呢！」

在某種情況下，嘲諷令人厭惡的小人，不失為制止他們氣焰的好方法。

不過，嘲諷是相當高深的藝術，只有那些擅長心理作戰的人才能運用自如。

他們總是能運用一些特殊的方法，從別人意想不到的角度切入，達到自己想要取得的效果。

做人厚道，做事厚黑

有一段時間，胡適對於墨子的學說很感興趣，而且也下了許多功夫研究，自認為頗有心得。

在一次宴會中，胡適與黃季剛正好坐在一起，一坐下來，便迫不及待對黃季剛大談墨子思想。但是，黃季剛在他說完後，突然大罵道：「現在講墨子的人，都是混帳王八蛋。」

胡適知道黃季剛素有「黃瘋子」的外號，既然話不投機半句多，只好忍住不再多話，對剛剛的事也不作任何回應。

但是，怎料黃季剛竟然繼續罵著：「胡適的父親是混帳王八蛋。」

這下子，個性和順的胡適再也忍不住了，氣憤地對著黃季剛怒斥不該侮辱他的父親。沒想到這會兒，黃季剛卻反而微笑著說：「你不要生氣，我只是要考一考你，你知道墨子講求兼愛，也說他是無父的，但在你心中卻仍有父親，可見你

還不是墨子的標準信徒。」

雖然這是一句很粗俗的玩笑話，卻一針見血地說中了胡適對於墨學研究不夠深入的事實。黃季剛的這句玩笑，讓胡適知道所學不夠專精的缺點，用「話中有話」的方式對胡適作指導，如此一來，反而減少了直指缺失時的對立。

你必須具備的應對智慧

這則故事隱藏了兩個不同的意義，一是用玩笑話的解題技巧，另一個則是深入研究的重要性。

尼采說：「凡事一知半解，寧可什麼都不知道。」

連身為大學者的胡適先生，都曾被黃季剛評定為研究不夠深入，還被他狠狠地被嘲諷了一番，那些總是粗淺學習的人，或老是帶著半調子而自大驕傲的人，更不值一提了。從這則小故事中，我們不難理解，有時候，適時地加以嘲弄也不失是應付小人的一種方式。

智力會提高成功的機率

不管是在商場上，還是政治爭鬥中，只要你能比別人多用一分智力，那麼你就能比別人多十分的成功機率。

這是一個全球景氣低迷、痛苦指數居高不下，但是又充滿機會的時代，許多人因為經濟環境不斷惡化而過得更差，但是，也有人不斷創新，而在不景氣中逆勢上揚。這種現象說明了一個重點：智力代表著成功的機率。

在人生的各項競爭中，是否具備聰明才智，往往是決定勝負的關鍵。

因此，平常就得經常鍛鍊自己的腦力，讓才智像太陽一樣發光，如此它才可能成為你克敵致勝的秘密武器。

做人厚道，做事厚黑

宮本武藏是日本史上最著名的劍客，不但武藝超群，而且對兵法、禪學及心理學都有相當的研究。因為他上知天文又下知地理，更懂得舉一反三，將理論落實於生活中靈活運用，所以他總是能在歷次爭鬥中獲得勝利。

像他和佐佐木小次郎在岩流島的決鬥，就充分地顯示出他的作戰技巧。

首先，他和對方約定好決鬥的時間，接著故意遲到二個小時，這麼一來，對手在等待的過程中，便會產生厭惡和急躁的情緒，而導致對手注意力的分散。

第二，在準備決鬥之時，宮本武藏刻意選擇了背向大海的位置，如此一來，佐佐木小次郎就正好正面對直射過來的陽光，因為受到陽光的刺激，雙眼便很容易產生疲勞。而且，聰明又狡猾的宮本武藏站在背對太陽的方向，對於面向太陽的小次郎來說，宮本武藏冷酷的形象便會加大，於是，在戰前的心理交戰中，宮本武藏就已經佔盡了優勢。

所以，佐佐木小次郎在無法充分發揮實力下，便被對手一劍刺死了。

你必須具備的應對智慧

雖然，當時在場監戰的高手都指出，小次郎的戰鬥實力並不比宮本武藏差，甚至比他更強。但是，宮本武藏善於利用天勢、地理等條件，又能掌握對手的心理，自然也就顯得技高一籌了。

眞正的高手不會用蠻力迎戰，而會採取以智克人的方式，靠機智獲得最後的勝利。著名的空城計，讓諸葛亮不戰而屈人之兵，順利嚇走司馬懿，不只是一場成功的守城，更是諸葛亮結合了心理戰術，以智取勝的結果。

援用到現實生活中，不管是在商場上，還是政治爭鬥中，只要你能比別人多用一分智力，那麼你就能比別人多十分的成功機率。

不要再埋怨你的對手有多可惡了，現實一點！活在這個腦力競賽的世紀，你唯一能做的，就是審時度勢，運用腦力幫自己達成目的。

別把場面話當成真心話

自己是怎樣的人，我們自己應該最清楚；就算別人一個勁兒的灌迷湯，我們也絕對有不輕信的智慧與權力。

恭維的特色之一，就是「概無差別，一視同仁」地拍馬屁。

管你長得像林青霞還是像沈殿霞，在恭維者口中，同樣都是「沉魚落雁」、「閉月羞花」。

不管你是不是愚昧昏庸、扶不起的阿斗，在他們口中永遠都是「天縱英才」、「英明果斷的領導者」！

做人厚道，做事厚黑

從前，有位太守剛剛走馬上任，一來到縣裡，百姓們一連幾天演戲慶賀，並且有人帶頭呼喊：「全州百姓齊慶賀，災星去了福星來！」

太守一聽，心想，這些縣民把前任太守罵作災星，卻把自己當成福星，這不就表示自己在他們心中評價很高？

想著想著，太守一邊撚鬚微笑，心裡高興極了。

於是他問：「這兩句話說得真妙，是那位高手想的？」

百姓答道：「這是歷年傳下來的慣例，新太守上任都得這麼喊。等太爺您卸任，新太守上任時，我們還是這麼喊的！」

你必須具備的應對智慧

法國文人列那爾曾經說過：「恭維像輕微的北風一樣令人愉快，但是，它並不能使帆船前進。」

是的，適時的讚美能夠讓我們保持前進的動力，但是過度的諂媚與不負責任

的場面話，則會讓人覺得肉麻。

若是對那樣的恭維過於輕信，往往會使我們自滿於現狀而停滯不前，更嚴重者甚至會越來越退步。

英國思想家培根曾說：「謹防鼻子上有瘡卻被恭維為美。」

聽不到事實的真相，其實是一件最可怕的事。在各種場合裡，難免會聽見許多未必由衷的頌詞與高帽，這個時候切記，這類場面話聽聽就算了，若是信以為真，那才是大錯特錯。

說到底，自己是怎樣的人，我們自己應該最清楚；就算別人一個勁兒的灌迷湯，我們也絕對有不輕信的智慧與權力，不是嗎？

11.

面對誠實的人，
就用誠實的方法

人與人之間的相處，可以是君子之爭，
不必奉承阿諛，更不必費心猜疑，
才不會有相互拉扯的兩敗俱傷。

用機智把危機化轉機

碰到事情時，許多人都只會退縮或哭泣，只是再多的眼淚也沖不走麻煩，何不在遇上的當下，立刻沉著應變，將事情解決呢？

無論多麼不願意，生活處處都有小人和壞人，都會有我們意想不到的危機，以及麻煩的事情發生。

面對這種情況，唯有隨機應變，不管遇到任何突發狀況時都能臨危不亂，你才能化險為夷，讓每一個危機都能轉化成轉機。

做人厚道，做事厚黑

有一天深夜，卓別林帶了一大筆現金，正開著車要趕回鄉村別墅的途中，沒想到竟然遇到了一個強盜。

他持著手槍，要求卓別林把錢全部交出來，卓別林這時一邊準備遞錢，一邊說道：「朋友，請你幫個忙吧，把我的帽子打穿幾個洞，這樣我回去之後才能向主人交代呀！」

這強盜便朝卓別林的帽子打了幾槍，卓別林又對他說：「還有我的衣襟上，也來幾槍吧！」

強盜拉起卓別林的衣襟，再開了幾槍。最後，卓別林又央求強盜說：「如果你能在我的褲子上也打幾槍，那就更逼真了。」

強盜不耐煩了，嘴裡生氣地咒罵了起來，但還是把槍對準了卓別林的褲子，可是，他扣了好幾次扳機，卻連一發子彈都射不出來。

這時，卓別林知道槍裡已經沒有子彈了，於是立刻把錢包搶了過來，跳上車趕快逃跑，而這個笨強盜這才知道自己上當了。

強盜的目的只是為了錢，而卓別林之所以乖乖把錢交給強盜，則是害怕強盜會開槍射殺他。

你必須具備的應對智慧

但是，聰明的卓別林隨即想到，如果能把強盜手槍裡的子彈全耗盡的話，他就不用再擔心了，因而想出了這招誘導強盜用光子彈的妙計，安全逃脫。

機智，是這篇小故事所要表現的重點，碰到事情時，許多人都只會退縮或哭泣，只是再多的眼淚也沖不走麻煩，退了再多步，最後你仍得前進面對，所以，何不在遇上的當下，立刻沉著應變，將事情解決呢？

喜歡模仿，小心貽笑大方

每個人都有每個人適合的風格，最要緊的就是找到你的特色，並好好發揮，可別認不清自己的斤兩。

這是怎麼學也學不來的。

了解自己，明白自己的長短處，建立自己特有的風格，才能展現己的特色，

別以為「有樣學樣」就是成功的保證。

活在這個高度競爭的年代，做人一定要聰明，做事一定要精明。

做人厚道，做事厚黑

一位年輕牧師向老牧師請教：「每次輪到我講道時，大家總是睡著，不然就是沒辦法專心聽講，到底要怎樣才能吸引教友的注意力？」

老牧師回答：「這倒不難，有個小笑話很有用。你可以說，我一生中最幸福的時光是在一個女人的懷裡度過的。」

年輕牧師聞言，吃驚地看著老牧師。

老牧師得意地說：「這樣效果不錯吧？這時大家應該已經從夢境中醒來啦！然後你就可以說，她就是我的母親。」

年輕牧師覺得這招實在不錯，於是感謝了老牧師之後就離開了。

在一次禮拜中，他見台下的教友似乎又快要集體靈魂出竅，於是決定暫停講道，並且向人們說：「各位，你們知道嗎？我一生中最幸福的時光是在一個女人的懷裡度過的。」

果不其然，大家都紛紛吃驚地望著他。正當他感到得意，打算繼續說下去時，卻猛然發現自己居然忘詞了！

於是，他只好吞吞吐吐，老實地告訴大家：「可是……唉呀，我現在卻記不

起她是誰了！」

你必須具備的應對智慧

這位年輕牧師顯然不是那種信手捻來都是妙語如珠、風趣幽默的類型，跟老牧師學了這招皮毛，竟然連用都用不好，徒惹大家笑話。

如果覺得自己可以，方法值得一試，那麼按照別人的樣子依樣畫葫蘆倒也不是不行，但是重要的是，別只知道複製成功者的「外在」，要盡可能地連精髓都學起來。

雖然我們不能確定這麼做，能不能連「成功」也一併複製，但是至少在這個過程當中，我們可以學到成功者獨到的堅持，了解他成功的原因，也算是有一番收穫了。

當然，最重要的是，不論一開始如何，最後我們都必須要設法走出一條屬於自己的道路。每個人都有每個人適合的風格，最要緊的就是找到你的特色，並好

好發揮。

不是猛龍不過江，如果天生不是當西施的料，就不要總是模仿人家的一顰一笑。就像選舉，有人選前一跪，可以說是驚天地而泣鬼神的壯舉，但是後來的人再跪，不但跪掉了尊嚴，連票也一併跪掉了。

可別認不清自己的斤兩，看別人怎麼做怎麼順，就硬是要照著做，卻又不懂得好好做、好好準備，只學到他人的皮毛。最後弄得自己累了半天，不只沒有成效，還反倒貽笑大方！

懂得轉彎，才不會老是失敗

腦袋是用來思考的，如果你覺得方法不好，腦袋不妨轉個彎想辦法改變它，太過死腦筋對自己未必有好處。

假使你發現事情總是一再出問題，建議你最好還是退一步想想問題究竟出在哪，然後試試看是否有其他的方法。

不要等到白白浪費了許多時間，卻還是一事無成的時候，才在一旁後悔，或是懊惱自己的運氣怎麼這麼差！

做人厚道，做事厚黑

某一天深夜，詹妮剛剛下夜班準備回家。

她低著頭在黑幽幽的巷子裡走著走著，前方突然傳來一陣腳步聲，聲音由遠而近，她抬頭一看，竟然有個男子正張大雙手向她走來。

「色狼！」詹妮又驚又怒，情急之下，只好一邊大聲喊叫，一邊抬腳朝男子的腹部踢去。

沒想到，這時候卻傳來匡啷一聲，深夜裡的這陣清脆響亮的聲音讓詹妮不禁嚇了一大跳。

接著，只聽見男子發出淒厲聲音，大聲哀嚎：「天哪！不會吧？這已經是第三塊玻璃了！」

你必須具備的應對智慧

顯然，男子先前兩塊玻璃應該也是毀在憤怒的夜歸女性手上。

不過，回過頭來想想，只要是女生，在夜晚的暗巷裡看見有男人張大雙手向

自己走來，哪有人會乖乖束手就擒呢？

有句話叫「山不轉路轉，路不轉人轉」，男子先前的兩塊玻璃都因為同樣的狀況被打破，卻還是傻傻地用同樣的方法拿著第三塊玻璃在路上走，這不是自找苦吃嗎？

別忘了，腦袋是用來思考的，可別老是呆呆地重複先前的錯誤，等著預期中的失敗結果一再發生。

華爾街有句流行警語是這麼說的：「人總是不停地淘汰過時的機器，卻忘了淘汰過時的腦袋。」

如果你覺得方法不好，腦袋不妨轉個彎，想辦法改變它。太過死腦筋只會讓你不斷重蹈覆轍，對自己來說可是一點好處都沒有的。

面對誠實的人，就用誠實的方法

人與人之間的相處，可以是君子之爭，不必奉承阿諛，更不必費心猜疑，才不會有相互拉扯的兩敗俱傷。

人常常用自己的角度衡量事物，因此犯下許多原本可以避免的錯誤。法國思想家拉羅什富科提醒我們：「各種人和事都有自己的觀察點，有的需要抵近去看，做出正確的判斷，有的則只有從遠處看，才能判斷得最好。」

人與人之間的應對模式，經常必須因人而異，面對誠實的人就用誠實的方法，面對狡詐的人就用迂迴側擊的方法。千萬不要用錯方式，否則就很難達到功效。

做人厚道，做事厚黑

美國南北戰爭打得如火如荼期間，有一天，一位女孩來到總部找林肯總統，想要求他開具一張去南方的通行證，林肯不解地問她：「現在南北方正在打仗，妳這時去南方做什麼呢？」

這女孩回答說：「回去探親。」

林肯一聽高興地說：「那妳一定是支持北派囉！請勸勸妳的親友們，希望他們能放下武器，歸降聯邦政府。」

誰知道情況與林肯想像的完全不同。「不！我是個支持南方的，而我要回去鼓勵他們堅持到底，絕不後退。」女孩很坦率地回答。

林肯聽了很不高興，反問她：「那麼妳來找我幹嘛呢？妳真的以為我會給妳開通行證嗎？」

女孩沉著地說：「總統先生，在學校讀書時，老師都會跟我們說林肯的誠實故事。從那時候開始，我便下決心要學習林肯，永遠做一個誠實的人，一輩子都不說謊。因此，我不打算為了一張通行證，而改變自己要誠實的習慣。」

女孩的話感動了林肯：「好，我就給妳一張通行證。」

說完，林肯在一張卡片上寫了這樣一行字：「請讓這女孩通行，因為她是一位信得過的人。」

你必須具備的應對智慧

對付小人，必須用小人的方法；對付君子，當然得用君子的方式。

在人生的旅程中，如果不懂得做人做事的方法，就如同欠缺智慧的傻瓜，做出搞錯對象、使錯方法的傻事也就不足為奇了。

故事中，我們讀到了小女孩的勇氣和誠實，更看見林肯的氣度與包容，兩個人都是能人所不能，也都有所為而為。

女孩有求於人，卻不願違背自己的意志，寧可誠實說出自己的目的，這是因為她明白林肯的為人，所以能對症下藥，一方見效。

人與人之間的相處應當如此，可以是君子之爭，不必奉承阿諛，更不必費心猜疑，才不會有相互拉扯的兩敗俱傷。

別把時間浪費在抱怨上

遇到任何困境或難題時，不要只會抱怨、跳腳，別把時間浪費在哭泣上，快擦乾眼淚吧！

世間的小人無所不在，只不過有的小人是顯性的，有的小人是隱性的。

一般而言，隱性的小人遠比顯性的小人更難提防。這是因為，遭遇顯性的小人，我們會事事謹慎小心，深怕自己被坑被騙，但是，隱性的小人卻常常犯下「無心之過」，讓我們疏於提防之餘欲哭無淚。

不過，既然悲慘的事情都已經發生了，抱怨或哭泣都無濟於事，只要馬上採取補救行動就能扭轉局面。

做人厚道，做事厚黑

托馬斯・卡萊爾是十九世紀英國的著名作家，他以《法國大革命史》和《英雄、英雄崇拜及歷史上的英雄人物》兩本著作聞名於世。

《法國大革命史》第一卷即將付印之前，托馬斯・卡萊爾答應經濟學家彌爾的要求，將原稿先借給他看一看。誰知，彌爾閱讀完之後，未經同意又把稿子借給泰拉夫人閱讀。

不幸的是，泰拉夫人翻閱之後卻沒有把稿子放好，隨意放在房間的一角，臨時有事便出門去了。

這時，正巧有一位女僕進來打掃房間，竟把它當成了廢紙，信手扔進了暖爐裡生火，珍貴的書稿一下子便化成了灰燼。

這該怎麼辦呢？托馬斯並沒有留下副本，彌爾和泰拉夫人急得不知所措，討論過後，他們只好把情況一五一十地告訴托馬斯・卡萊爾，並且請求原諒。

卡萊爾聽到這個消息後，腦袋「嗡」的一聲，半天都說不出話來，可是，面對這個無法挽回的損失，他卻沒有任何怨言，反而在心裡安慰自己：「可憐的托馬斯，你必須面對這個意外的事實。」

為了紓解內心的焦急和苦惱，卡萊爾努力地克制自己，先是靜靜地坐下來閱讀小說，並且連續讀了好幾個星期。

面對這樣的晴天霹靂，他承受了一切，而且毅然地決心重新開始。他開始將所有的記憶、思想和收集的史料……等等，重新思考並回憶一遍，然後從頭寫起。不管有多困難，也不管有多麼辛苦，最終他仍然戰勝了一切，完成這部歷史的世界巨著。

你必須具備的應對智慧

義大利作家普拉托里尼曾經提醒我們：「紡錘也會不準，甚至鏡子裡出現的形象也和實體不一致，教皇也會有說錯話的時候。」

既然如此，小人「不小心」犯下讓我們傷心欲絕的錯誤，也是可以理解的事，要怪只能怪自己不長眼睛，太容易信任別人。

單憑身分、地位或外貌面就輕信別人是人性的弱點之一，如果不設法加以克服，結果往往就像卡萊爾的遭遇，甚至蒙受更大的損失。

不過，卡萊爾的遭遇也給了我們正面的惕勵，那就是：「不要太傷心，只要再接再厲，事情永遠都會有補救的機會。」

別為無法挽回的事情懊惱，你願意能給自己多少浴火重生的機會，你就會有多少成功的機會！

遇到任何困境或難題時，不要只會抱怨、跳腳，既然都知道機會不多了，就別把時間浪費在哭泣上，快擦乾眼淚吧！抓住第一時間進行挽救，到最後，成功仍然會是屬於你的。

信守承諾才能贏得敬重

牢牢記住一件小事，無形之中為自己成就了一件非凡的大事，這就是一諾千金的重要！

信口開河是小人最常見的面貌，恭維與承諾則是他們最常使用的武器，言而無信則是他們一貫的行徑。

因為，虛情假意最能模糊別人的視聽，也最能掩飾自己的卑劣的動機，而背信忘義則是為了保住自己的既得利益。

千萬不要成為信口開河的小人，因為不管在工作場合或日常生活中，週遭的人莫不觀察著你的信用。因此，不要以為一兩次失信或黃牛對自己影響不大，殊不知，這正是你能不能贏得人心的重要關鍵。

做人厚道，做事厚黑

一九四二年八月，巴頓被任命爲進攻北非的美軍部隊指揮官。

在與同盟軍將領商討作戰計劃時，巴頓費盡了唇舌建議，由於爭論激烈，習慣抽煙的巴頓，自然是一支接一支不停地抽。

很快地，他把自己帶來的煙全抽光了，沒有煙就沒有靈感和精力的他，不得不向在一起工作的海軍助理布徹中校借煙。

起初，布徹很客氣地送了幾支煙給巴頓，可是巴頓的煙癮實在太大了，一下子就把布徹珍藏的大哈瓦那雪茄，也全部抽光了。

臨別時，巴頓懷著感激之情，對布徹說：「謝謝你的雪茄，我回到華盛頓後，會立刻送還給你的。」

布徹聽了只是笑一笑，因爲他認爲，巴頓應該只是隨口說說而已，根本沒把它放在心上。

然而，就在半個月之後，布徹竟然收到巴頓寄來的一大批雪茄。原來，巴頓一回到美國，就立即訂購了一大批雪茄，並叮囑要立即寄送給布徹中校。

布徹收到煙後，內心十分感動，他根本沒有想到，巴頓在百忙之中，居然還會記得這件事。

事後，布徹特意對艾森豪將軍報告說：「巴頓是個可以信賴的人。」

你必須具備的應對智慧

在我們的生活週遭，之所以會有那麼多不守信諾的小人，原因就在於他們渴望獲得某些利益，或是恐懼失去某些賴以維生的屏障，因此才會不擇手段地想要透過說謊的方式欺騙別人或是討好別人。

但是，這些欠缺信用的小人忘了，現實生活中吃了一次暗虧，上當過一次之後，人就會變得謹慎，小心翼翼地提防這些唬人弄人的伎倆，不會輕易聽信這些言不由衷的話語。

當然，有時候，我們會因為忙碌、遺忘或覺得答應的是不重要的小事，沒能兌現自己的承諾，但是經常忽略這些小事，久而久之，在別人的評斷標準中，我們就成了沒有信用的人。

巴頓將軍牢牢記住一件小事，無形之中為自己成就了一件非凡的大事，這就是一諾千金的重要！

故事裡的巴頓，能記住對朋友的一個小承諾，所以只要是他所允諾的事，大部份人也都會相信他都能遵守，這說明了一個能言而有信的人，必定能得到別人的信賴與尊重。

千萬要記住，信用就是人際關係的通行證。

反應太慢，只能不斷失敗

機會可能會有很多不同的面貌，但是，並非每個人都能及時看見，並緊緊抓住它。

英國有句格言是這樣說的：「有四件事一去不回：出口之言、發出之箭、過去之時、忽略了的機會。」

反應太慢，有的時候也是一種錯誤。因為，難得的機會往往只會降臨一次，而且很多時候，常常在我們還沒有了解到那就是「機會」之前，它就悄然消失無蹤了。

做人厚道，做事厚黑

有個農夫因為不小心跌斷腿進了醫院，醫生於是問他是怎麼把腿跌斷的。農夫回答：「二十五年前，我在一個財主家當長工，有一天晚上，財主的獨生女來找我，問我：『你有什麼需要我的地方嗎？』」

「我回答她：『沒有。』」

「她又再問了一次：『你真的不需要我嗎？』我堅定的告訴她：『真的不需要。』然後她就走了。」

醫生聽了覺得很奇怪，便問農夫：「這跟你摔斷腿有什麼關係呢？」

農夫嘆了口氣回答：「昨天當我正在屋頂上修理破掉的屋瓦時，忽然之間才明白了她的意思。」

你必須具備的應對智慧

腦筋遲鈍的農夫終於想通了那個晚上財主的女兒到底暗示什麼，只不過已經遲了三十年了。

誰能及時抓住機會，誰就抓住了成功的尾巴。

機會可能會有很多不同的樣子與面貌，唯一不會變的，就是並非每個人都能及時看見，並緊緊抓住它。箇中原因有很多，但「反應太慢」應該是許多人都曾有的遺憾。

不妨回想一下自己過去的遭遇，再看看眼前四周，有沒有什麼機會可能是我們已錯過，或即將錯過的？

它也許看起來並不起眼，也許一開始我們還是會與它失之交臂，但不論如何，如果還不算太晚，趕緊張大你的眼抓住它吧！

做人要厚道，做事要厚黑全集

作　　者　王　渡
社　　長　陳維都
藝術總監　黃聖文
編輯總監　王郡凌
出 版 者　普天出版家族有限公司
　　　　　新北市汐止區忠二街 6 巷 15 號
　　　　　TEL／(02) 26435033 (代表號)
　　　　　FAX／(02) 26486465
　　　　　E-mail：asia.books@msa.hinet.net
　　　　　http://www.popu.com.tw/
　　　　　郵政劃撥 19091443 陳維都帳戶
總 經 銷　旭昇圖書有限公司
　　　　　新北市中和區中山路二段 352 號 2F
　　　　　TEL／(02) 22451480 (代表號)
　　　　　FAX／(02) 22451479
　　　　　E-mail：s1686688@ms31.hinet.net
法律顧問　西華律師事務所・黃憲男律師
電腦排版　巨新電腦排版有限公司
印製裝訂　久裕印刷事業有限公司
出 版 日　2023 年 5 月第 1 版
ＩＳＢＮ◎978-986-389-866-5　　條碼 9789863898665
Copyright◎2023
Printed in Taiwan, 2023 All Rights Reserved

國家圖書館出版品預行編目資料

做人要厚道，做事要厚黑全集／
王渡著.—第 1 版.—：新北市,普天出版
2023.05 面；公分. -（智在人生；03）
ＩＳＢＮ◎978-986-389-866-5 (平裝)